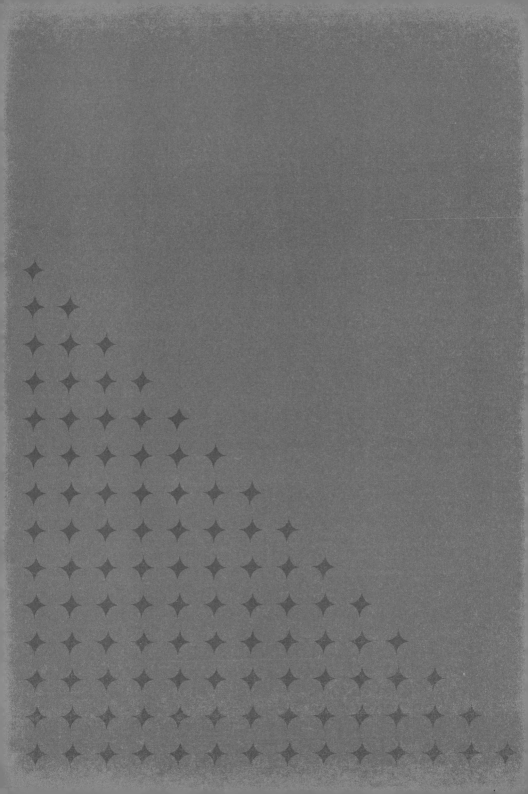

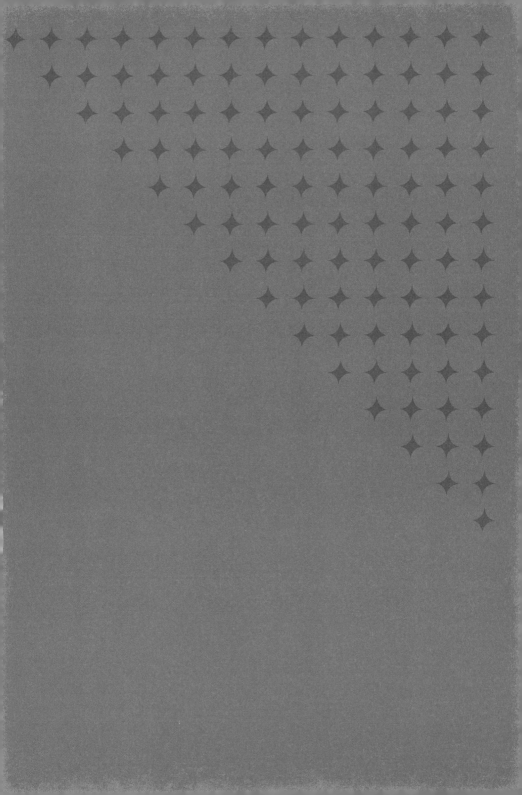

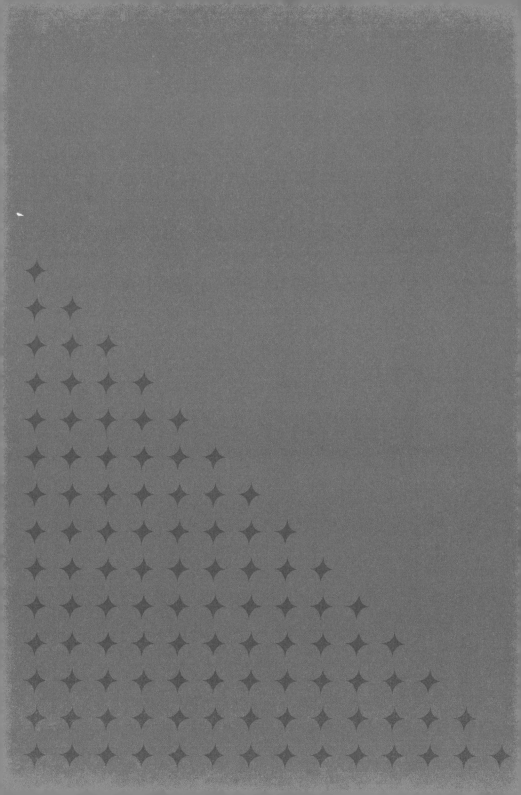

하나님은 존재합니다

세움북스는 기독교 가치관으로 교회와 성도를 건강하게 세우는 바른 책을 만들어 갑니다.

하나님은 존재합니다

'신은 존재하는가?'에 관한 색다른 탐구

초판 1쇄 인쇄 2022년 3월 25일
초판 1쇄 발행 2022년 3월 30일

지은이 | 박정순
펴낸이 | 강인구

펴낸곳 | 세움북스
등 록 | 제2014-000144호
주 소 | 서울시 서대문구 연희로 160 3층 연희회관 302호
전 화 | 02-3144-3500
팩 스 | 02-6008-5712
이메일 | cdgn@daum.net

교 정 | 최필승, 류성민
디자인 | 참디자인

ISBN 979-11-91715-37-8 (03230)

들어가는 말

신은 죽었다?!

　무신론자인 제프리 래디슨 교수의 철학 강의 시간이었습니다. 그는 강의를 시작하기에 앞서 학생들에게 "신은 죽었다"(God is dead)라는 문장을 종이에 써서 서명과 함께 제출할 것을 요구하였습니다. 그 강의실에는 조쉬 휘튼이라는 학생이 있었고, 그는 자신이 크리스천이기에 감히 그 문장을 써낼 수 없다고 말했습니다.

　강의실은 일순간 얼음장처럼 싸늘해졌습니다. 화가 난 래디슨 교수는 휘튼 학생에게 신의 존재를 증명하라는 과제를 내 주며, 만약 이를 증명하지 못한다면 낙제를 시키겠다고 엄포를 놓습니다. 그로 인해 교수와 학생은 신의 존재에 대한 격렬한 토론을 벌이게 되었습니다. 그리고 마침내 휘튼 학생은 멋지게 신의 존재를 설명하고, 래디슨 교수의 사과를 받아 낼 수 있었습니다. 실화를 바탕으로 제작된 〈신은 죽지 않았다〉(God's not dead, 2014)라는 영화 이야기입니다.

　지금까지 역사상 저명한 철학가, 사상가, 과학자 등 수많은 사람이 저마다 신의 존재에 대한 끊임없는 탐구를 개진하였습니다. 이 탐구 정신을 바탕으로 무신론과 유신론은 서로 팽팽한 대립각을 세우며 지금까지 논쟁을 이어 오고 있습니다.

그런데 한 가지 궁금한 사실이 있습니다. 신의 존재는 증명될 수 있을까요? 만약 증명이라는 단어가 현대 과학이 사용하는 의미라면, 신의 존재는 증명되지 않을 것입니다. 왜냐하면 신은 사람의 이성을 초월하여 존재하기 때문입니다.

하지만 저는 크리스천이며 목회자로서, 신을 알 수 있고 믿을 수 있다고 생각합니다. 저는 제 자신이 신을 알고, 믿고 있다는 사실을 주저 없이 밝힐 수 있습니다. 그런데 제가 신을 알고 믿는다는 말은 다른 사람에게도 동일하게 알고 믿게 증명할 수 있다는 말과는 다릅니다. 왜냐하면 제게 있는 신의 존재에 대한 느낌을 그대로 다른 사람이 체험하고 느끼게 할 수 없기 때문입니다.

느낌은 주관적입니다. 그리고 신의 존재는 초월적입니다. 초월적인 느낌은 증명되지 않고 공감되어집니다. 저는 신에 대해 이야기할 때 상대방에게 공감을 불러일으킬 수는 있지만, 저와 같은 느낌을 갖게 할 수는 없습니다.

이 지점에서 저는 신의 존재를 탐구하는 데 있어서 겸손을 가져야 한다는 사실을 깨닫습니다. 제가 신을 인식하고 느끼는 것은 다만 오직 그분의 존재로부터 온 것입니다. 그분이 저를 선택해 주셔서 자기 자신을 알려 주신 것입니다. 결국 제가 신의 존재를 느낄 수 있다는 사실은, 제가 신을 향한 것이 아니라 신의 존재가 저를 향했기 때문입니다. 이 사실은 그분을 향한 경외와 겸손을 일으킵니다.

만약 이 같은 한계점을 인정한다면, 앞으로 '신은 존재하는가?'라는 질문을 보다 겸손하고 예의 바른 태도로 탐구할 수 있을 것입니다. 저는 다만 이 탐구의 과정이 여러분에게 소소한 도움이 되기를 바랄 뿐입니다.

자, 그럼 본격적으로 신의 존재에 관한 이야기를 시작해 봅시다.

목차

들어가는 말 · 5

제1장 신은 존재하나요?

01. 무와 유에 관하여 · 12
02. 추상과 직관에 관하여 · 19
03. 법칙과 질서에 관하여 · 29
04. 도덕과 정의에 관하여 · 38
05. 정신과 영혼에 관하여 · 47
06. 존재와 죽음에 관하여 · 56
07. 신과 의미에 관하여 · 66

제2장 신은 어떤 존재인가요?

08. 유신론에 관하여 · 76
09. 신의 창조에 관하여 · 85
10. 스스로 있는 신에 관하여 · 94
11. 신의 전능에 관하여 · 102
12. 신의 거룩함에 관하여 · 111
13. 신의 사랑에 관하여 · 119
14. 신의 구원에 관하여 · 127

제3장 하나님은 자신의 존재를
      어떻게 알려 주나요?

15. 계시에 관하여 · 138
16. 성경에 관하여 · 147
17. 성경 저자에 관하여 · 158
18. 성경 원본에 관하여 · 167
19. 성취에 관하여 · 176
20. 경험에 관하여 · 185
21. 지혜에 관하여 · 194

제4장 하나님의 존재는
      세상을 좋게 만드나요?

22. 완전함에 관하여 · 204
23. 불완전함에 관하여 · 213
24. 믿음에 관하여 · 220
25. 소망에 관하여 · 230
26. 사랑에 관하여 · 239
27. 만남에 관하여 · 248
28. 완성에 관하여 · 256

참고문헌 · 264

제1장

신은
존재하나요?

01. 무와 유에 관하여

여러분은 아무것도 없는 상태에 관하여 상상해 보신 적이 있습니까? '무'(無)란 아무것도 없는 상태를 의미합니다. 그런데 우리는 보통 '무'라는 상태를 상상할 때 이런 생각을 하곤 합니다. 바구니에 귤이 다섯 개가 들어 있었는데, 다섯 개의 귤을 다 까먹고 보니 남는 것은 하나도 없더라는 생각입니다.

우리가 '무'에 관하여 생각할 때, 보통 무엇인가 있다가 사라진 상태를 떠올리는 경우가 많습니다. 그런데 이런 생각에는 치명적인 단점이 있습니다. 그것은 '내가 중요하다고 생각하는 것은 다 사라졌을지 몰라도, 그 공간에는 내가 모르는 남겨진 것들이 있다'는 점입니다. 예를 들어, 위의 귤에 대한 생각에서는 바구니가 여전히 남겨져 있습니다.

바구니가 아니더라도 우리는 '무'에 대해서 생각할 때 어떤 배경을 남겨 놓곤 합니다. 그렇지 않다고요? 그럼 잠시 눈을 감고 생각해 보시기 바랍니다. 여러분은 '무'에 대해서 생각할 때 어떤 상태가 떠오르십니까? 아마 대부분이 칠흑같이 검은 공간을 상상하실 것입니다. 그런데 생각해 보십시오. 여러분이 떠올린 검은 공간도 사실은 그것 자체가 배경입니다. 무언가 배경이 있는 것이지요. 만약 여러분이 순백의 하얀 공간을 생각했다고 해도 마찬가지입니다. 결국 그런 상태는 '무'가 아닙니다.

그렇다면 '무'란 무엇일까요? 그것은 우리가 도달할 수 있는 영역이 아닙니다. 우리는 '무'가 무엇인지 모릅니다. 아마 이것이 '무'에 대해 대답할 수 있는 정확한 주장일 것입니다. 왜냐하면 우리는 언제 어디서나 매번 '유'의 상태였기 때문입니다. '무'라는 것은 상상일 뿐 현실이 아닙니다. 그것은 우리가 가지는 생각의 전제이자 가정일 뿐입니다.

그렇다면 여러분께 묻겠습니다. '무'는 실재하지 않는 것일까요? 그리고 우리가 완벽하게 인식할 수 없고, 또 현실로 나타나지 않는 것은 모두 존재하지 않는 것일까요?

이번에는 반대로 '유'(有)에 관하여 생각해 봅시다. 여러분은 어떤 생각이 떠오르십니까? 위에서 바구니와 귤에 대해 충분히 익숙해졌으니, 한 번 더 같은 비유를 생각해 봅시다. 빈 바구니가 있습니다. 그런데 갑자기 바구니 안에 귤 다섯 개가 생겼습니다. 마술 같은 일이 벌어진 것입니다. 그렇다면 여러분은 어떤 생각을 하시겠습니까? 바구니의 빈 공간이 귤을 발생시킨 것일까요? 아니면 마술사가 트릭을 쓴 것일까요?

아마 마술을 믿는 사람은 마술사가 장난을 쳤다고 생각할 것입니다. 뇌 과학을 믿는 사람은 뇌세포가 착시 현상을 만들었다고 할 것입니다. 약물 중독자는 누군가가 자신에게 약물을 투여해서 환상이 보이게 했다고 할 것입니다. 대부분은 어떤 원인이 있을 것이라고 의심을 할 것입니다.

그런데 만약 여러분 중에 이러한 일을 두고 "이 상황은 '무'에서 돌연 '유'로 나타난 게 확실해!"라고 주장할 사람이 있을까요? 빈 공간이 존재를 발생시켰다고 자신의 모든 것을 걸고 외칠 수 있는 사람이 있을까요?

저는 여러분에게 두 가지 가정을 말했습니다. 첫째는 '무'에 관한 상상이었고, 둘째는 '유'에 관한 상상이었습니다. 이렇게 두 가지 가정을 제시한 이유가 있습니다. 그것은 우리가 신에 대하여 생각할 때 '세상은 어떻게 창조되었나?', 즉 '물질로 이루어진 세상이 어떻게 시작된 것인가?'라는 질문에 대해 알아보기 위해서입니다.

우리는 신이 있다면, 그 신이 이 세상을 창조하였을 것이라고 생각합니다. 그것은 당연한 추론입니다. 만약 신이 존재하는데 그 존재가 세상을 창조하지 않았다고 한다면, 우리는 그 존재를 신이라고 부르지 않을 것입니다. 왜냐하면 신이라는 존재는 사람, 혹은 세상을 떼어 놓고는 논할 수 없기 때문입니다. 만약 사람과 세상에 아무런 관련이 없는 존재를 신이라고 한다면, 그 신은 우리가 탐구할 만한 가치조차 없을 것입니다.

만약 여러분이 이와 같은 사실을 인정한다면, 저는 여러분께 신의 창조에 대한 아주 중요한 두 가지 질문을 드립니다.[1]

---

1   두 가지 질문에 대한 배경은 윌리엄 레인 크레이그(William Lane Craig)의 추론을 기반으로 합니다. 그는 다음과 같이 논증하였습니다. "1.우주가 존재하기 시작한 시점이 있다고 여

1. ‘무’에서 유가 아무런 원인도 없이 나타날 수 있는가?

2. ‘유’가 나타나도록 원인을 제공한 존재가 있는가?

이 두 가지 질문은 동전의 앞뒷면처럼 상호 배타적이입니다. 둘 중에 하나를 선택하는 것은 자연스럽게 다른 쪽을 배제하는 것이며, 이 둘 말고 다른 선택지는 존재하지 않습니다. 이 두 가지 질문은 신의 존재를 생각함에 있어서 너무나 중요한 선택적 질문입니다.

그런데 제가 분명히 해 두고 싶은 것은 이와 같은 질문이 신의 존재를 증명하려는 의도가 있는 것은 아니라는 사실입니다. 이 질문은 신의 존재를 증명하기 위해 만들어진 질문이 아닙니다. 다만 공평하게 유신론과 무신론의 저울추를 비교해 보자는 것입니다.

이미 간파하셨겠지만, 첫 번째 질문에 대해 긍정적 대답을 할 수 있다면 그는 무신론자일 것입니다. 왜냐하면 무신론자는 세상의 탄생을 ‘무’에서 ‘유’가 발현된 것으로 주장하기 때문입니다. 그런데 저는 겸손한 마음으로 그들에게 질문하고 싶습니다. “사람이 어떤 상상이나 가늠조차 할 수 없는 ‘무’(라는 상태)에서 돌연 ‘유’(라는 상태)가 발현될 수 있는가?”라는 질문입니다.

우리는 이미 ‘무’라는 상태가 어떠한지 살펴보았습니다. ‘무’라는 상태가 얼마나 형이상학적인지를 살펴보았습니다. 우리는 너무나

길 수 있는 타당한 이유들이 있다. 2.그러나 어떤 것이 무로부터 생겨나 존재할 수는 없다. 3. 따라서 우주의 기원이 되는 초월적 원인이 있을 수밖에는 없다.” 알리스터 맥그래스, 『우주의 의미를 찾아서』(서울: 새물결플러스, 2016), 58.에서 재인용.

쉽게 '무'에 대해서 상상할 수 있기에 그것이 어떤 형태인지를 안다고 쉽게 생각합니다. 하지만 실상 '무'라는 것은 사람이 그것을 온전히 알기 어렵습니다. 단지 그저 상상할 뿐입니다. 언어적으로 '아무것도 없는 상태'라고 말입니다.

저는 이와 같은 '무'에 대한 추론만으로도 위의 첫 번째 질문에서 드러난 약점이 무엇인지를 명확하게 알 수 있다고 생각합니다. '무'에서 '유'가 원인도 없이 나타난다는 것은 상당히 초자연적이라는 것입니다. 누구도 정직한 마음으로 '무'가 '유'를 발생시킬 수 있다는 사실을 인정하기는 어려울 것입니다. 이것은 이성을 넘어서는 개념이며 증명될 수 없는 믿음입니다. 이로써 무신론에도 초자연적인 전제가 있다는 사실을 우리는 확인하게 됩니다.

그렇다면 두 번째 질문을 생각해 보겠습니다. 두 번째 질문은 파악하신 대로 유신론자들에게 해당하는 질문입니다. 이 질문에 긍정적인 답변을 한다면 그는 유신론자일 것입니다. 물론 아시다시피 저는 지금 '원인을 제공한 존재'와 '신의 존재'를 동일하게 여기고 있습니다. 아마, 이에 대해서 반론을 제기하고 싶은 분들도 계실 것입니다만, 저는 분명하게 말씀드렸다시피 신의 존재를 증명하려는 것이 아니기 때문에 '원인을 제공한 존재'와 '신의 존재'를 동일하게 여기는 것은 이 부분에서만큼은 아무런 문제가 없다고 생각합니다. 지금 제가 하고자 하는 일은 다만 우리의 이성과 직관, 느낌과 경험이라는 일반적으로 사람이 가진 것들로써 신의 존재를 공감해 보려는 것일 뿐입니다.

제가 말씀드리고 싶은 것은 이렇습니다. 어찌 되었든지 간에 '무'에서 '유'가 원인도 없이 나타나는 것보다 원인을 제공한 존재가 있음으로 해서 '유'가 나타나는 것이 좀 더 직관적으로 타당하게 다가온다는 사실입니다. 물론 이에 대해서는 사람마다 느끼는 바가 다를 수 있습니다. 저는 단지 제가 느끼는 '무'의 개념과 이에 파생되어지는 '유'의 실체는 그 간격이나 격차가 너무나도 크다는 사실이 직관적으로 인식됨을 말씀드리는 것뿐입니다.

저는 이것을 직관으로 부르고 싶습니다. 직관이란 사전적으로 감각, 경험, 연상, 판단, 추리 따위의 사유 작용을 거치지 아니하고 대상을 직접적으로 파악하는 작용을 말합니다. 따라서 이것은 상대적일 수 있습니다. 분명 직관이 절대적인 사실은 아닙니다.

하지만 저는 말씀드렸다시피, 여러분과 함께 최소한 제가 알고 느끼는 한계 내에서 신의 존재를 공감하기를 원합니다. 제가 신의 존재를 인정하는 이유는 그것이 제 직관으로부터 거부되지 않기 때문입니다. 오히려 저는 제 모든 직관이 신의 존재를 믿도록 합니다. 저는 제 안에 있는 믿음의 출처를 정확하게 증명할 수는 없습니다만, 그 믿음이 제게 실재한다는 사실만은 분명히 증언할 수 있습니다.

저는 무신론자들의 노고를 높이 평가합니다. 왜냐하면 그들만큼 치열하게 신의 존재에 대해서 찾으려 하는 사람도 드물기 때문입니다. 저도 한 때는 무신론자들의 생각이 합리적이라고 여기곤 했습니다. 그리고 불가지론을 따르기도 했습니다. 하지만 무엇이 저를 바

꿰게 했는지 모를 정도로 이제는 유신론자로서 살아가게 되었습니다.

저는 유신론자들이 무신론자들과 논쟁하는 것에 큰 유익이 있다고 생각지 않습니다. 그리고 이러한 논쟁의 결과가 우리의 믿음을 대변한다고 여기지도 않습니다. 왜냐하면 저는 논쟁에서 이기는 것으로 신의 존재가 증명되지 않는다고 생각하기 때문입니다.

하지만 그럼에도 이러한 탐구를 진행해 나가길 원하는 것은 누군가에게 주어질 소소한 도움이면 족하다는 마음이 있기 때문입니다. 그리고 그것만으로도 이 작은 탐구는 그 쓰임을 다한 것이라는 생각을 합니다.

이 세상을 초월한 존재는 증명되는 것이 아닙니다. '초월'이라는 단어에서 알 수 있듯이 그 존재는 사람의 이성 바깥에 있기 때문입니다. 따라서 그 존재는 직관적으로 믿어지는 것입니다.[2] 만약 믿고 싶어도 믿어지지 않는 분들이 계신다면, 저는 그분들을 위하여 간절히 기도하겠습니다. 만약 이와 같은 분들이 이 글을 읽고 계신다면 여러분의 마음을 조금만 유신론을 향하여 열어 보시기를 바랍니다. 반대로 유신론자인 저도 무신론을 향하여 마음을 열도록 하겠습니다.

---

2 물론 믿음이란 직관적으로만 얻어지는 것은 아닙니다. 직관은 믿음을 얻는 방식 중 하나일 뿐입니다.

02. 추상과 직관에 관하여

우리는 토론 시간에 선생님이 제시하시는 난해한 질문을 접할 때가 있습니다. "닭이 먼저냐, 달걀이 먼저냐?"라는 질문이 그중에 하나입니다. 이 질문은 상당히 골치 아픈 질문입니다. 왜냐하면 이것은 앞면과 뒷면을 분간할 수 없는 꼬리에 꼬리를 무는 뫼비우스의 띠와도 같기 때문입니다. 닭이 먼저라고 주장하는 사람은 닭이 없으면 달걀이 어떻게 생기느냐고 합니다. 반면 달걀이 먼저라고 주장하는 사람은 달걀이 없으면 닭이 어떻게 생기느냐고 합니다.

이러한 사고 방식은 유신론과 무신론에도 적용될 수 있습니다. 유신론자는 세상이 창조되어 존재한다는 사실이 신의 존재를 증명한다고 합니다. 창조적 원인, 즉 신이 없다면 세상이 존재할 수 없다는 것입니다. 반면 무신론자는 이렇게 말합니다. "그렇다면 그 신은 누가 창조한 것인가?"[3]

만약 우리가 서로 간의 자기 주장에만 빠진다면 유신론자로서 혹

---

3 이러한 무신론자의 질문에 대한 대답이 유신론에 없는 것은 아닙니다. 유신론은 신을 창조의 근원으로 보고 있으며, 그러한 신은 모든 존재의 원인이 되고 심지어 자신의 존재까지도 원인이 되는 제1원인(궁극의 원인)이라고 생각합니다. 이러한 유신론의 논증은 창조의 시작이 있다는 사실을 증명하는 데까지 그 역할이 있다고 볼 수 있습니다.

은 무신론자로서 서로가 어떠한 대화도 이어갈 수 없을 것입니다. 왜냐하면 이것은 앞면과 뒷면을 분간할 수 없는 꼬리에 꼬리를 무는 뫼비우스의 띠와도 같은 논쟁일 뿐이기 때문입니다.

어쩌면 우리에게 필요한 것은 큰 목소리를 사용하여 상대방을 제압하려는 자기 주장이 아닙니다. 도리어 상대방의 관점에서 생각하고 판단하고 비판해 볼 줄 아는 겸손이 필요합니다. 만약 우리가 알고자 하는 진리가 존재한다면 그것은 굳이 큰 목소리가 아니더라도 반드시 드러나게 될 것이기 때문입니다.[4]

지금부터는 신의 창조에 이어서 사람의 인식에 관해 생각해 보려고 합니다. 저는 이에 관한 논의를 성경의 이야기에서부터 시작하려고 합니다. 성경을 보면 신은 아담에게 처음에 두 가지 일을 지시합니다. 그것은 경작[5]과 동물의 이름 짓기[6]였습니다. 여기서는 동물 이름 짓기에 관해 생각해 보겠습니다.

시간을 돌이켜 생각해 봅시다. 동물들의 이름을 짓는 아담이 있습니다. 아마 추측하기로는 동물의 소리나 몸짓, 모양 등을 토대로 이름을 지었을 것입니다. 오늘날도 인류는 처음 발견한 동물 이름을 이와 같은 방식으로 짓기 때문입니다. 그런데 오늘날과 아담의 시대

---

4 "숨은 것이 장차 드러나지 아니할 것이 없고 감추인 것이 장차 알려지고 나타나지 않을 것이 없느니라"(누가복음 8:17)

5 "여호와 하나님이 그 사람을 이끌어 에덴 동산에 두어 그것을 경작하며 지키게 하시고"(창세기 2:15)

6 "여호와 하나님이 흙으로 각종 들짐승과 공중의 각종 새를 지으시고 아담이 무엇이라고 부르나 보시려고 그것들을 그에게로 이끌어 가시니 아담이 각 생물을 부르는 것이 곧 그 이름이 되었더라"(창세기 2:19)

는 다릅니다. 아담은 동물들을 처음 보았고, 처음 만났습니다. 그런 동물들의 이름을 짓는 것은 재미있는 일이면서도 너무나 신비로운 창조적 일이었을 것입니다.

놀라운 사실은 아담이 동물들의 이름을 짓는 일은 최초로 이루어진 언어 작업이라는 점입니다. 여기에서 언어라는 말이 중요합니다. 성경에 따르면 최초의 사람인 아담에게는 언어적 능력이 있었기 때문입니다.

아담은 언어를 알았습니다. 그리고 언어를 사용하였습니다. 언어로 소통을 했고, 이름도 지을 수 있었습니다. 그리고 아담은 언어와 인식을 사용하여 '추상'이라는 신비롭고 놀라운 개념을 도출할 수 있는 능력도 가지게 되었습니다. '추상'이란, 여러 가지 사물의 개념에서 공통되는 특성이나 속성 따위를 추출하여 파악하는 작용을 의미합니다.[7] 예를 들어 우리는 사랑, 정의, 소망 등을 추상적 개념이라고 이해합니다.

이러한 추상적 개념은 점점 더 발전합니다. 사랑, 정의, 소망이라는 개념은 비교적 이해하기 쉬운 개념입니다. 왜냐하면 그것은 사람의 내면에 자리 잡고 있는 개념이기 때문입니다. 이에 반면 영원, 무한, 불멸과 같은 이해하기 어려운 개념도 등장하기 시작했습니다. 영원, 무한, 불멸과 같은 개념이 이해하기 어려운 것은 그것 자체가

---

[7] https://ko.dict.naver.com/#/search?query=%EC%B6%94%EC%83%81&range=all 이후 용어의 사전적 의미는 네이버 사전을 참조했으며, 이후로는 사전적 의미의 출처 표기는 생략하겠습니다.

사람의 인식과 경험을 넘어서 있는 개념이기 때문입니다. 마치 어린 아이가 백지에다 외계인을 그려 놓은 것과 같은 느낌입니다. 우리는 엄밀한 의미에서 이 외계인을 사람이라고 말할 수 없습니다. 왜냐하면 이 외계인은 우리의 삶에서 본 적도, 만난 적도 없는 상상의 산물이기 때문입니다.

반면 사랑, 정의, 소망이라는 개념은 우리가 매일 느낄 수 있고 경험할 수 있습니다. 우리는 사랑할 수 있고, 정의롭게 살 수 있고, 소망을 품을 수 있습니다. 그리고 우리는 사랑하는 사람을 만날 수 있고, 정의로운 사람을 볼 수 있고, 소망을 품은 사람과 대화할 수 있습니다.

어찌 되었든지 간에 아담은 언어와 추상의 방식을 사용하였습니다. 성경에 따르면, 그 출발점은 동물 이름 짓기였습니다. 아담은 동물들의 이름을 지으면서 언어를 사용하였고, 그 언어들은 서로 다른 위치에서 상호 연관을 맺다가 추상이라는 방식으로 묶이게 되었습니다. 심지어 사람이 도무지 알 수 없는 개념까지도 추상의 과정을 통해 언어로 표현하기 시작했습니다.

그렇다면 알 수 없는 개념이 추상의 과정을 통해 언어로 표현하는 일이 가능한 이유는 무엇일까요? 그 일은 직관을 통해 나타났습니다. 신이 사람에게 직관을 주심으로 사람이 알 수 없는 개념도 알 수 있게 한 것입니다. 이와 관련이 있는 성경 구절이 있습니다.

하나님이 모든 것을 지으시되 때를 따라 아름답게 하셨고 또 사람들에

게는 영원을 사모하는 마음을 주셨느니라 _전도서 3:11

여러분은 영원을 이해할 수 있습니까? 영원을 단순히 시간의 무한 확장이라고 생각한다면 이는 오산입니다. 왜냐하면 영원의 개념 속에서는 완전하지 않은 것도 완전해질 수 있기 때문입니다. 수학적으로 살펴보자면, 0.9999…는 1과 동일합니다. 영원이라는 상태 속에서는 완전하지 않은 것도 완전해질 수 있다는 예입니다. 영원은 무와 마찬가지로 우리가 이성적으로 파악할 수 있는 상태가 아닙니다. 하지만 성경에 따르면, 신은 사람의 마음에 영원의 개념을 심어 주셨습니다. 사람이 영원을 상상할 수 있고, 추구할 수 있고, 느낄 수 있도록 하신 것입니다. 그렇기 때문에 사람은 영원을 사모하는 마음, 즉 영원에 대한 직관을 가지게 된 것입니다.

영원, 무한, 불멸 등과 같은 개념은 추상과 직관을 통해 알 수 있습니다. 이러한 추상적인 단어들의 개념을 이해하기 위해서 우리에게 필요한 것이 있다면, 그것은 바로 직관입니다. 우리는 직관을 통하여 추론할 수 있고 이해할 수 있습니다. 그리고 이러한 연장선에서 신의 존재도 마찬가지입니다.

『생각의 탄생』(*Spark of Genius*)의 저자 로버트 루트번스타인(Robert Root-Bernstein) 교수는 직관에 대해서 다음과 같이 말합니다.

19세기의 위대한 수학자였던 가우스는 자주 직관적인 답을 알아내곤 했는데, 그때마다 이를 즉각 증명할 수는 없었다고 실토했습니다. 나

02. 추상과 직관에 관하여 **23**

는 상당히 오랫동안 내가 찾아낸 답이 도대체 어떻게 해서 나오게 되었는지는 알 수가 없었다.

또한 유전학 분야에서 노벨상을 받은 매클린턱(Barbara McClintock)은 이렇게 말했습니다.

과학적 방법으로 일을 한다는 것은 내가 직관적으로 알아낸 어떤 것을 과학의 틀 속에 집어넣는 것이다.

또한 노벨 물리학상의 수상자인 파인먼(Richard Philips Feynman) 역시 이렇게 말했습니다.

수학은 우리가 본질이라고 이해한 것을 '표현'하는 형식일 뿐이지 이해의 내용이 아니다.

이들은 모두 사람의 내면에서 나타나는 직관과 심상이 원리나 공식보다 앞선다는 사실을 스스럼없이 주장하였습니다.[8]

누구보다 원리와 공식을 중요하게 생각하는 수학자와 과학자가 이렇게 이야기한다면 우리는 한 번쯤 직관이라는 것에 주의를 기울

---

8   로버트 루트번스타인, 미셸 루트번스타인, 『생각의 탄생』(용인: 에코의서재, 2018), 22-25.

일 필요가 있어 보입니다. 왜냐하면 신의 존재와 같은 문제는 이성적으로 알기에는 그 한계가 명확한 주제이기 때문입니다.

그런데 한 가지 더 생각해 볼 문제가 있습니다. 우리가 수시로 사용하는 직관이라는 것은 항상 옳을까요? 물론, 그것이 항상 옳은 것은 아닙니다. 예를 들면 아무리 뛰어난 직관을 소유한 아내라고 해도 남편의 바람기를 분간하는 데 착각할 수도 있기 때문입니다. 직관이 실수할 수 있다면, 직관은 주관적임이 분명합니다.

하지만 직관이 주관적이라고 해서 그것으로 무언가를 파악하는 일이 가능하지 않다는 말은 사실이 아닙니다. 직관은 주관적임에 분명하지만, 우리는 직관으로 인해 무엇인가를 이해할 수 있고 파악할 수 있습니다. 상상할 수 있고, 추상할 수 있고, 인지할 수 있습니다. 물론, 망상일 수도 있고, 실수할 수도 있습니다. 그렇다고 해서 직관이 무익한 것이 되지는 않습니다. 좀 더 이야기를 이어 가야겠습니다.

우리는 신의 존재에 관하여 이해할 때 다음과 같은 추론을 사용하기도 합니다.

바람은 눈에 보이지 않습니다. 눈에 보이지 않는다고 해서 존재하지 않는 것은 아닙니다. 그렇기에 신이 눈에 보이지 않는다고 해서 존재하지 않는 것은 아닙니다.

이와 같은 추론은 논리적으로나 과학적으로 타당하지는 않습니다. 바람은 눈에 보입니다. 나뭇가지를 통해 볼 수 있습니다. 그리고 눈에 보이는 것과 존재하는 것, 눈에 보이지 않는 것과 존재하지 않는 것 사이에는 전혀 논리적 상관관계가 없습니다.

반면에 우리는 위와 같은 추론에서 바람이라는 실체를 직관적으로 따져볼 필요가 있습니다. 바람이란 무엇입니까? 사전적으로는 기압의 변화 또는 사람이나 기계에 의하여 일어나는 공기의 '움직임'을 의미합니다. 그것은 '움직임'입니다. 여러분은 움직임이라는 실체가 무엇인지를 정확하게 파악할 수 있습니까? 움직임의 물리적 요소는 무엇일까요? 움직임의 존재 요소는 무엇일가요?

움직임은 문법적으로 동사입니다. '먹다', '말하다', '걷다' 등의 행위를 의미합니다. 우리는 그것을 움직임이라고 합니다. 그런데 이러한 움직임은 모두 그 자체로서의 실체는 없습니다. 먹는 것은 음식을 먹고 있는 사람을 통해 보이는 것이지 먹는 행위 자체가 어떠한 실체를 가지고 있는 것은 아닙니다.

마찬가지로 바람이 눈에 보인다고 해서 그것의 존재를 확정할 수 있는 것은 아닙니다. 왜냐하면 움직임이라는 것은 추상과 직관을 통해 아는 것이기 때문입니다. 우리는 공기가 존재한다는 사실을 인정할 수 있습니다. 하지만 공기의 움직임에 속하는 바람이 존재한다는 사실을 물리적으로 증명할 수는 없습니다. 단지 우리는 공기의 움직임을 바람이라고 이름 붙였을 뿐입니다.

여기에 신학과 과학의 한계가 있습니다. 분명하게 말할 수 있는 건, 인식론적인 측면에서 신학뿐만 아니라, 과학도 초자연적이라는 사실입니다. 신학과 과학은 둘 다 직관적인 언어를 사용한다는 점에서 그렇습니다. 사실 모든 학문의 한계라고 해도 틀리지 않습니다. 모든 학문과 사상은 언어로 되어 있고, 그 언어는 직관의 형태를 배제할 수 없습니다.

그렇다면 모든 학문은 쓸데없는 말장난에 불과할까요? 만약 직관으로 인식하는 것이 쓸데없다고 한다면 그것은 모두 말장난일 것입니다. 하지만 직관도 학문의 영역으로서 가치가 있다고 여길 수 있다면 그것은 말장난이 아닐 것입니다. 그렇다면 신에 대해서 알아가기를 힘쓰는 신학도 학문에서 매우 소중한 영역을 차지할 것입니다. 그리고 그것은 진리를 아는 도구로서 충분한 역할을 할 것입니다.

그런데 아쉽게도 다수의 무신론자들은 과학자의 직관은 여과 없이 받아들이지만, 신학자의 직관은 매몰차게 거절합니다. 예를 들어 과학은 빅뱅으로 인한 생명의 탄생 이론을 진리로 받아들이지만, 신학에서 말하는 신의 존재는 거짓된 이론이라고 여기기도 합니다. 만약 빅뱅으로 인한 생명의 탄생 이론이 직관의 산물이라면, 우리는 그것이 법칙이 아닌 이상 진리가 아닐 수도 있다는 사실을 의심해야 합니다. 마치 유신론이 직관적으로 이해된다고 했을 때, 그것은 진리가 아닐 수도 있다는 사실을 의심하는 것처럼 말입니다. 하지만 그러한 겸손한 태도를 그들에게서는 좀처럼 발견하기 어렵습니다.

신의 존재는 과학적으로 증명되는 것이 아닙니다. 그 존재는 직관적으로 이해하고 공감해야 하는 것입니다. 그 일은 과학자의 영역을, 인류학자의 영역을, 철학자의 영역을 넘어섭니다. 왜냐하면 신은 물리적 실체가 아니기 때문입니다. 우리는 사람이 가진 직관으로 신을 추론할 수 있고, 과학과 신학의 사상을 서로 비교하며 검토해 볼 수 있습니다.

우리는 직관적으로 알 수 있습니다. 신이 우리에게 직관을 주었고 그 사실로 말미암아 신의 존재를 알 수 있게 되었기 때문입니다.

03. 법칙과 질서에 관하여

1687년 뉴턴(Isaac Newton, 1923-1996)은 그의 책 『프린키피아』(*Principia*)에서 3가지의 운동과 힘에 관한 법칙을 발표했습니다. 이 세 가지는 '관성의 법칙', '가속도의 법칙', '작용 반작용의 법칙'입니다.

첫 번째 '관성의 법칙'은, 물체가 자신의 운동 상태를 일정한 속력으로 계속해서 유지하려고 하는 성질이 있다는 것입니다. 두 번째 '가속도의 법칙'은, 물체의 운동 상태가 물체에 작용하는 힘의 크기와 방향에 따라 속도의 변화, 즉 가속도를 가지게 된다는 것입니다. 세 번째 '작용 반작용의 법칙'은, 두 물체가 서로 밀 때 두 물체가 서로에게 작용하는 힘의 크기는 같지만 방향은 반대라는 것입니다. 이 외에도 뉴턴은 그의 책에서 물체는 서로를 끌어당기는 힘을 지닌다는 '만유인력의 법칙'도 제시하였습니다.

우리는 이러한 법칙이 세상에 변함없이 작용하고 있다는 사실을 알고 있습니다. 실제로 우리가 살고 있는 세상은 이러한 법칙들이 작용하고 있으며, 우리는 그러한 법칙의 영향을 받고 있습니다. 이러한 법칙을 통틀어서 '자연법칙'이라고 합니다. 이 말은 사전적으로 '자연계의 모든 사물을 지배하는 원인과 결과의 필연적 법칙'이라는 뜻입니다.

　그렇다면 이러한 법칙과 관련하여 저는 한 가지 질문을 하겠습니다. '세상에는 법칙과 질서가 있는가?'라는 질문입니다. 이 질문을 달리 표현하면, '세상에 자연법칙이 있다는 말은 곧 세상에 질서가 있다는 말과 동일한가?'라는 질문입니다.

　과학자 칼 세이건(Carl Sagan, 1934-1996)은 이렇게 말합니다.

> 코스모스(cosmos)는 과거에도 있었고 현재에도 있으며 미래도 있을
> 그 모든 것이다. 코스모스를 정관하노라면 깊은 울림을 가슴으로 느
> 낄 수 있다. 나는 그때마다 등골이 오싹해지고 목소리가 가늘게 떨리
> 며 아득히 높은 데서 어렴풋한 기억의 심연으로 떨어지는 듯한, 아주
> 묘한 느낌에 사로잡히고는 한다. 코스모스를 정관한다는 것이 미지 중
> 미지의 세계와 마주함이기 때문이다. 그러므로 그 울림, 그 느낌, 그 감
> 정이야말로 인간이라면 그 누구나 하게 되는 당연한 반응이 아니고 무
> 엇이겠는가.[9]

　우주가 얼마나 거대한지에 관하여 우리가 통상 사용하는 길이 단위인 미터나 마일로는 도무지 그 크기를 가늠할 수 없다고 합니다. 천문학에서는 빛의 속도를 이용하여 거리를 측정합니다. 빛은 1초에 약 18만 6,000마일 또는 거의 30만 킬로미터, 즉 지구 7바퀴를

9　칼 세이건, 『코스모스』(서울: 사이언스북스, 2020), 36.

돕니다. 이 빛은 8분이면 태양에서 지구에 도달합니다. 태양은 지구에서 약 8광분만큼 떨어져 있는 것입니다. 그런데 우주의 중간쯤에 위치해 있다고 여겨지는 별은 무려 80억 광년이나 떨어진 지점에서 우리의 눈에 빛으로 다가옵니다. 8광분과 80억 광년의 차이는 실로 상상할 수 없을 정도입니다. 이로써 우리는 우주의 광대함이 얼마나 큰지를 자각하게 됩니다.

과학자들은 우주에 은하가 대략 1,000억 개가 있고 각각의 은하에는 저마다 평균 1,000억 개의 별이 있다고 합니다. 게다가 각 은하에는 적어도 별의 수만큼의 행성들이 있습니다. 이러한 거대한 숫자를 상상해 본다면 우리는 코스모스(Cosmos)의 광대한 크기에 압도당합니다.

그런데 놀라운 점이 있습니다. 칼 세이건이 사용한 코스모스라는 말은 어원이 그리스어이며, '질서와 조화를 지니고 있는 우주 또는 세계'를 말한다는 사실입니다. 저는 언어학적인 의미에서 저명한 과학자이며 불가지론자인 칼세이건이 '코스모스'라는 단어를 자신의 책의 제목으로 삼았다는 것에 적잖은 놀라움을 가지고 있습니다.

저는 자연법칙에 빗대어 세상에는 질서가 있다고 여깁니다. 나아가 세상에 질서가 있다는 사실은 곧 신의 존재를 가능하게 한다는 데까지 나아갈 수 있다고 봅니다. 질서의 시작은 곧 신으로부터 출발한 것이라고 생각합니다.

물론 이러한 사유의 과정이 신의 존재를 증명하는 것은 아닙니다. 하지만 규칙과 질서가 있다는 사실은 신의 존재를 암시하고 있으며,

이것이야말로 성경에서 기록된 신성이 만물에 알려졌다는 말씀이 우리의 삶에 적용되는 일입니다.[10]

저는 칼 세이건이 그의 책이 서두에 기록해 둔 '코스모스'라는 우주에 관한 장엄한 묵상이 바로 신의 존재를 밝혀 주는 빛이라고 느낍니다. 이에 대해서는 뉴턴도 비슷한 말을 했습니다.

> 세상 사람들은 나를 어떻게 볼지 몰라도, 나 자신은 마치 해변에서 놀고 있는 소년과 같다고 생각한다. 때때로 좀 매끈한 조약돌이나 예쁜 조개껍데기를 줍고 기뻐하곤 하지만, 저 진리의 바다는 전혀 비밀을 드러내지 않은 채 여전히 내 앞에 펼쳐져 있다.[11]

C. S. 루이스(Clive Staples Lewis, 1898-1963)는 『인간 폐지』(The Abolition of Man)라는 책에서 '장엄하게 느끼는 것은 단지 개인적인 느낌이 아니다'라고 말했습니다.[12] 그것은 사람이 태생적으로 인식하는 절대적인 가치, 즉 '도'(자연법칙)입니다. 이러한 '장엄'을 직관하는 사유가 칼 세이건에게도 있었다고 여겨집니다. 그러했기에 그는 신의 존재에 대한 입장을 유보하면서 자신은 '무신론자'가 아니라 단지 '불가지론자'라고 했던 것이 아닐까요?

---

10 "창세로부터 그의 보이지 아니하는 것들 곧 그의 영원하신 능력과 신성이 그가 만드신 만물에 분명히 보여 알려졌나니 그러므로 그들이 핑계하지 못할지니라"(로마서 1:20)

11 뉴턴이 로버트 훅에게 보낸 편지 중의 일부입니다. 안상현, 과학서평 "뉴턴의 프린키피아", 『HelloDD.com』 2016년 1월 7일, https://www.hellodd.com/news/articleView.html?idxno=56522

12 C. S. 루이스, 『인간 폐지』(서울: 홍성사, 2019), 13-14.

저는 이러한 태도를 과학자의 겸손한 마음이라고 칭송하고 싶습니다. 실로 그렇습니다. 과학은 무신론과 유신론 중의 한 가지를 택할 수 없습니다. 무신론과 유신론을 택하는 일은 과학이 하는 것이 아니라, 사람이 하는 일입니다.

우리는 논의를 더 진전시키기 위해 유신론을 향한 과학자들의 몇 가지 질문을 살펴보겠습니다. 첫째로 우주의 광대함에 비추어 보았을 때, 우주를 창조한 신이 존재한다는 주장에 대해 제기되는 과학자들의 질문이 있습니다. "신이 있다면 장엄하고도 광대한 우주를 보았을 때, 지구에만 생명이 있다는 사실이 얼마나 비효율적인 일인가?"라는 질문입니다. 둘째로 진화론과 관련해서는 "식물과 동물이 진화의 과정을 거친다는 것은 화석으로 입증이 되었는데, 그것들이 처음부터 신에 의해 완벽하고 정교하게 만들어졌다면, 이렇게 대단한 능력의 설계자가 처음부터 완전하게 의도된 다양성을 실현할 수 없어서야 어디 말이나 되겠는가?"라는 질문입니다.

먼저 첫 번째 질문부터 생각해 보도록 하겠습니다. 우주를 보았을 때 지구에만 생명이 있는 것은 비효율적인가요? 물론, 이것은 비효율적입니다. 왜냐하면 우주는 사람의 상상을 초월할 정도로 너무나 넓고 크기 때문입니다. 이에 반해 지구와 지구 안에 살고 있는 사람은 너무나 작고 초라합니다.

하지만 논리적으로 생각해 보았을 때, 효율과 비효율을 어떤 대상의 크기만으로 나눌 수는 없습니다. C. S. 루이스는 이렇게 말합니다.

만일 우리의 이성이 크기는 중요성에 비례한다고 말한다면, 크기상 큰 차이가 중요도상의 큰 차이를 말해 주는 것이듯, 마찬가지로 크기상 작은 차이는 중요도상의 작은 차이를 말해 주는 것일 수밖에 없습니다. 다시 말해, 키가 180센티미터인 사람은 150센티미터인 사람보다 약간 더 중요한 사람이며, 여러분의 다리는 여러분의 뇌보다 약간 더 중요하다고 생각해야 합니다. 그러나 우리는 그런 생각이 말이 안 됨을 압니다.[13]

어쩌면 신은 우리에게 '영원'을 직관적으로 생각할 수 있도록 하기 위해서 비효율적일 만큼 광대한 '우주'를 선물해 주었는지 모르겠습니다. 즉, 우주는 비효율적인 것이 아니라 신의 사람을 향한 선물이자 사랑이라는 것입니다. 우리가 영원을 상상할 수 있는 것은 다름 아닌 신의 창조물 속에 내포된 우주, 즉 도무지 그 전체를 파악할 수 없는 무한성에 기초한다는 생각을 해 봅니다. 광대한 우주에 티끌보다 작은 사람이 존재한다는 것, 그것은 사람을 향한 신의 특별한 사랑을 나타내는 것이라고 말할 수 있습니다. 이는 분명 비효율적이지 않습니다. 왜냐고요? 우리는 사랑하는 자녀를 위해서라면, 그 사랑을 표현하기 위해 전 우주를 선물할 수 있습니다. 만약 우주를 선물할 만한 능력이 우리에게 있다면 말입니다.

이어서 두 번째 반론을 생각해 보도록 하겠습니다. 이 반론은 하

---

13 C. S. 루이스, 『기적』(서울: 홍성사, 2019), 103.

나의 전제를 담고 있습니다. 그것은 생명체의 다양성이 진화로부터 파생되었다는 전제입니다. 그렇다면 다양성은 오직 진화의 산물일까요?

과학은 생명체의 진화를 이야기합니다. 하지만 진화가 모든 다양성을 포괄할 수는 없습니다. 왜냐하면 생명체는 같은 종이라고 할지라도 충분히 다양하기 때문입니다. 우리는 다양성을 생각할 때, 종의 특성뿐만 아니라 개인의 고유한 개체성도 생각해야 합니다. 달리 말해, 생명체의 가시적인 다양성뿐만 아니라 내면의 다양성도 고려해야 한다는 것입니다.

저와 여러분은 다릅니다. 사람과 사람은 동일하지 않습니다. 사람이라는 종에 속해 있다고 해도 우리는 서로가 다르다는 사실을 압니다. 동물이나 식물도 마찬가지일까요? 일반적으로 그렇다고 여겨집니다. 같은 종이라도 서로 다릅니다. 그러한 사실을 우리는 파악할 수 있습니다.

그렇다면 다양성은 진화의 산물이기보다는 그 누구도 알 수 없는 경로로 파생되어 발현된 것입니다. 내가 다른 사람이 아닌 나로서 파생되었다는 사실 자체가 다양성의 원인입니다. 이는 신이 피조물의 물질적인 모습뿐만 아니라 물질 안에 있는 실체의 다양함을 파생하게 함으로써 다양성을 만들어 간다고 볼 수 있습니다.

이에 따르면 신은 창조만을 다양성의 근간으로 삼지 않고, 창조뿐만 아니라, 동시에 역사적 섭리를 다양성의 근간으로 삼는다고도 볼 수 있습니다. 섭리란, 사전적으로 자연계를 지배하고 있는 원리와 법칙을 말합니다. 저는 이러한 원리와 법칙의 출발점이 신이라고 생각합니다.

우리는 장엄하고도 광대한 우주를 통해 법칙과 질서를 발견하며, 다양한 생명체들의 모습을 통하여 그것들이 얼마나 법칙에 잘 들어맞고, 질서에 맞아떨어지는지를 알고 있습니다. 그리고 우리는 세상에서 법칙과 질서를 이용합니다. 과학과 의학, 문명은 모두 질서를 이용하여 진보를 이루고 있습니다. 우리의 삶에는 법칙뿐만이 아니라, 법도 있습니다. 체계도 있습니다. 이 모든 것이 우리의 삶을 이끌어 간다는 점을 그 누구도 부인할 수는 없을 것입니다.

그렇다면 우리가 세상에서 경험하는 법칙과 질서는 어디로부터 생겨난 것일까요? 이에 대한 대답은 발견해 낼 수 없는 미지의 영역입니다. 예를 들어 우리가 뉴턴의 운동 법칙의 근원을 알려면, 힘과 운동의 근원을 알아야 합니다. 하지만 힘과 운동이라는 것은 누구도 그 근원을 알 수 없습니다. 뉴턴은 떨어지는 사과를 통해 만유인력을 발견할 수는 있었지만, 왜 만유인력이 있는지 그 근원에 대해서는 발견할 수 없었습니다.[14]

이에 대해서 우리는 단지 두 가지의 마땅한 결론 중에 한 가지를 선택해야 합니다. 이것은 위에서 다룬 '무와 유에 관하여'의 연장선입니다. 즉, 세상의 법칙과 질서가 아무런 원인도 없이 생겨난 것인지, 아니면 그것이 나타나도록 원인을 제공한 존재가 있는 것인지,

---

14 제가 여기에서 말씀드리는 것은 힘과 운동의 존재론적 근원에 대한 발견을 말합니다.

이 두 가지의 주장 중 하나를 선택해야 합니다.

더 나아가 법칙과 질서에 관하여 또 다른 측면도 생각해 볼 필요가 있습니다. "법칙과 질서가 있다면 왜 때때로 세상은 무질서하게 보이는 것일까?"라는 질문입니다. 이 질문에 이르렀을 때, 무신론자는 원래 세상에는 질서와 무질서가 공존한다고 밖에는 주장할 수 없습니다. 그런데 이것은 직관에 맞지 않는 듯합니다. 광대한 우주 속에서 티끌과도 같은 지구에 생명체가 생겨났는데, 그곳에는 질서도 있고 무질서도 있다는 것이 무언가 맞지 않아 보입니다. 질서가 있으면 질서만 있고, 무질서만 있으면 무질서만 있어야 하지 않을까요? 아니라면 무질서하게 보이는 것도 사실은 질서가 있다거나 그와 반대로 질서가 없다고 주장해야 하지 않을까요?

만약 질서가 나타나게 된 원인이 신이라고 한다면, 무질서도 어떠한 원인이 있어야 한다는 것이 필연적입니다. 그런데 이에 대한 대답은 기독교 유신론에서 찾을 수 있습니다. 유신론의 관점에서 무질서는 타락의 결과라고 볼 수 있습니다. 성경의 세계관은 독특합니다. 성경은 신의 창조, 천사와 사람의 타락, 신의 구속, 만물의 회복이라는 직선적 세계관을 가지고 있습니다. 여기에서 천사와 사람의 타락은 무질서의 원인이 됩니다.

이에 대해 여러분은 어떻게 생각하십니까? 세상에는 법칙과 질서가 있습니까? 법칙과 질서는 신의 존재로부터 파생한 것일까요? 아니면 신과는 상관없이 자연적으로 발생한 것일까요? 저는 다만 이러한 고민이 신의 존재를 향한 밑거름이 되길 바랄 뿐입니다.

04. 도덕과 정의에 관하여

코스모스라는 질서와 조화가 있는 우주에서 '자연법칙'이 사람의 외부적인 기준으로 여겨질 수 있다면, '도덕'은 사람의 내부적인 기준으로 여겨질 수 있습니다. 이전 장에서는 외부적인 기준인 규칙에 관하여 알아보았고, 이번 장에서는 내부적인 기준인 도덕에 관하여 알아보도록 하겠습니다.

지난 2015년 대한민국 사회에는 '청탁 금지법'이 발효되었습니다. 이 법에 대한 의미는 이렇습니다.

정식 명칭은 부정 청탁 및 금품 등 수수의 금지에 관한 법이다. 법안의 기초는 공직자의 부정부패를 방지하고 공직 사회의 기강을 확립하자는 취지로 국민권익위원회 위원장인 김영란이 처음 발의했고 이후 공직자뿐만 아니라 언론인 임원과 교직원까지 확대되었다. 주요 법안 내용은 적용 대상자가 1회 100만 원(연 300만 원) 이상의 금품을 수수할 경우에 형사 처벌을 받는다. 그리고 원활한 직무 수행, 사교·의례·부조 등의 목적으로 공직자에게 제공되는 금품에 상한액을

설정하였다.[15]

'김영란법'으로 더 잘 알려져 있는 이 법은 '청렴'이라는 가치를 수호하기 위한 것입니다.

그런데 저는 이런 질문을 해 봅니다. "왜 우리는 청렴을 가치가 있다고 여기는가?"라는 질문입니다. 청탁이란 나쁜 단어일까요? 그렇지 않습니다. 사전적으로 청탁은 '청하여 남에게 부탁함'이라는 뜻을 가지고 있습니다. 이러한 행위 자체는 나쁜 일이 아닙니다. 우리에게는 청하여 부탁할 자유가 있지 않을까요?

하지만 우리의 법은 우리의 자유를 제한하면서까지 청탁을 금지합니다. 물론 청탁 자체를 금지하는 것은 아닙니다. 제한을 두는 것입니다. 하지만 가만히 생각해 보면, 제한을 두는 것 자체도 우리의 자유를 침해하는 것이 맞습니다. 놀랍게도 우리 사회는 법에 어긋나는 청탁 행위를 한 사람을 비난하고 정죄합니다. 그 사람을 도덕적이지 않은 사람이라고 모두가 생각합니다.

여기에서 도덕이란 무엇일까요? 사전적으로 도덕이란, '사회의 구성원들이 양심, 사회적 여론, 관습 따위에 비추어 스스로 마땅히 지켜야 할 행동 준칙이나 규범의 총체'입니다. 이러한 사전적인 정의에 따르면 도덕은 사회의 구성원이라면 누구나 알 수 있는 기준, 즉 준칙이라는 것입니다.

---

15 기획재정부, "청탁 금지법", https://www.econedu.go.kr/mec/ots/brd/list.do?mnuBaseId=MNU0000124&tplSer=4&atcSer=2048fc02-9915-49cb-b30a-3f0351293a72

위에서 살펴본 청탁 금지법이 이해되는 이유는 바로 여기에 있습니다. 우리는 동물에게 청탁 금지법을 적용하지 않습니다. 만약 A라는 사자가 B라는 사자에게 계급적 지위를 차지하기 위해 사슴을 선물했다고 한다면, 이에 대해서 우리는 A라는 사자를 도덕적이지 않다고 비난하지 않습니다. 하지만 만약 A라는 정치인이 B라는 정치인에게 계급적 지위를 차지하기 위해 수억 원의 돈이 들어 있는 상자를 선물했다고 한다면, 이에 대해서 우리는 A라는 정치인을 비난합니다. 왜냐하면 도덕적이지 않기 때문입니다.

이와 같은 도덕은 우리의 삶에 내부적인 기준으로 자리 잡습니다. 그것을 우리는 양심이라고 부릅니다. 양심은 사전적으로 '사물의 가치를 변별하고 자기의 행위에 대하여 옳고 그름과 선과 악의 판단을 내리는 도덕적 의식'을 의미합니다. 만약 세상에 옳고 그름이 있고, 선과 악이 있다면, 사람은 그것을 분명하게 알 수 있습니다. 사람에게는 양심이 있기 때문입니다.

이러한 양심은 우리에게 선악을 분명하게 가르칩니다. 어렸을 때에 이에 대해 아주 잘 느낄 수 있는 감정이 바로 거짓말을 했을 때의 감정입니다. 거짓말을 하면 우리의 양심은 즉각적으로 작용을 합니다. 그리고 그것이 잘못되었음을 이야기해 줍니다. 최신 거짓말 탐지기는 우리의 뇌파를 탐지합니다. 그리고 우리가 거짓말을 하고 있을 때의 감각적 반응을 면밀하게 탐지해 냅니다.

거짓말을 할 때 가지는 느낌은 사람은 도덕적인 존재라는 사실을 각인시켜 줍니다. 그리고 사람은 거짓이 아닌 선한 삶을 선택해야 한다는 사실도 깨닫게 해 줍니다. 그런데 이러한 거짓말을 할 때 가지는 느낌은 위에서의 청탁과 마찬가지로 동물에게는 발견할 수 없는 사람만의 기준입니다. 우리는 동물이 거짓말을 하든지 선한 말을 하든지 동물의 도덕성을 논하지 않습니다.

저는 계속해서 사람과 동물을 비교하고 있는데, 실상 이러한 비교는 중요한 것이 아닙니다.[16] 저는 다만 사람에게 분명히 실재하는 도덕에 대해서 이야기를 하고 있을 뿐입니다.

이러한 도덕은 우리의 삶에 분명한 기준으로 작용을 합니다. 청탁과 거짓말뿐만이 아니라 다른 모든 영역에서 도덕은 우리의 행동을 저울질합니다. 그리고 선과 거짓을 분별해 줍니다. 만약 이러한 도덕과 도덕이 제시하는 기준을 인정한다면, 여러분은 이 도덕이 신의 존재를 이루는 근간이 됨을 직관적으로 파악할 수 있습니다. 이것을 다음의 두 가지 질문을 통해 확인해 보고자 합니다.

1. 도덕이 발생한 원인은 무엇인가?
2. 도덕이 없는 사회가 있는가?

첫 번째 질문에 대한 답은 세 가지 정도로 살펴볼 수 있습니다. 첫째로, 도덕은 후천적인데 그것은 사람의 사회적 합의로 발생했다

---

16 사실 동물에게도 도덕이 있을 수 있습니다. 저는 동물이 아니기 때문에 이에 대한 확신을 가지기 어렵습니다만, 일반적인 기준에서 볼 때 사람은 동물에게 도덕적 기준을 적용하는 일을 하지는 않습니다. 왜냐하면 우리는 동물의 세계를 약육강식의 세계라고 부르기 때문입니다.

는 것입니다. 둘째로, 도덕은 후천적인데 그것은 유전학적으로 종족 번식을 위한 사람의 선택이었다는 것입니다. 셋째로, 도덕은 선천적인데 그것은 태생적으로 사람에게 내재되어 있다는 것입니다.

이에 대해서 저는 도덕이 선천적이며 태생적이라고 여깁니다. 만약 도덕이 후천적이라면 그것은 자기모순을 내포하기 때문입니다. 예를 들어, 우리가 사회적 합의로 도덕을 만들어 가는 것이라면, 도덕 기준을 거꾸로 바꿀 수도 있는 것입니다. 여기에서 거꾸로 바꾼다는 것은 도덕을 단지 약간 수정하는 정도가 아닙니다. 우리는 살인을 죄가 아닌 선으로도 바꿀 수 있다는 것입니다. 그런데 저는 이 부분에서 묻습니다. "과연 그럴 수 있는가?"하는 것입니다.

유전학적으로도 마찬가지입니다. 만약 우리의 DNA가 도덕을 만들어 낸 것이라면, 그 도덕도 계속적인 진화의 과정 속에서 바뀔 수 있습니다. 그런데 바뀐다는 것이 선과 악을 바꿀 수도 있다는 것일까요? 저는 그럴 수 없다고 생각합니다. 누구도 도덕을 180도로 바꿀 수는 없습니다. 왜냐하면 우리에게는 양심이 있기 때문입니다.

그렇기에 우리는 도덕이 선천적이며 태생적일 수밖에 없다는 결론에 이르게 됩니다. 저는 이 부분에 있어서 위에서 기술한 도덕의 사전적 정의 중에 '사회적 여론, 관습 따위에 비추어'라는 표현은 제한적인 의미를 가진다고 이해합니다. 왜냐하면 사람에게 내재되어 있는 도덕이라는 것은 이미 사회적 기준에 앞서기 때문입니다. 이는 사회적 기준이 있기 때문에 도덕이 만들어지는 것이 아니라, 도덕이 있기 때문에 사회적 기준이 만들어진다는 의미이기도 합니다. 그렇기에 저는 위에서 나온 도덕의 사전적 정의에서 '사회 구성원들의 양심'이 가장 중요한 근본적인 설명이라고 생각합니다.

우리는 도덕이 선천적이고 태생적이라는 사실을 직관적으로 알고 느낍니다. 그리고 이러한 사실은 우리에게 도덕이 발생한 원인을 신의 존재와 연결시켜 줍니다. 이는 물질이 발생하게 된 것이 어떤 외부의 원인을 제공한 존재가 있어야 하는 것처럼, 도덕도 그것이 발생하게 된 원인은 어떤 외부의 원인이 있어야 한다는 사실을 깨닫게 하는 것입니다.

두 번째, '도덕이 없는 사회가 있는가?'라는 질문은 '도덕이 없을 수도 있지 않은가?'라는 질문을 내포하고 있습니다. 물론 우리는 상상력을 동원하여 도덕이 없는 사회를 그려 볼 수 있습니다. 하지만 우리의 상상력은 결국 그러한 사회를 유지할 능력이 없습니다.

예를 들어, 우리는 도덕이 없다는 것을 직관적으로 동물의 사회에 빗대어 볼 수 있습니다. 만약 사람이 동물처럼 산다면, 그 사회는 도덕이 없는 사회라고 지칭할 수 있을 것입니다. 하지만 이는 전혀 희망적이지 않습니다. 생각해 보십시오. 누구나 사람을 잡아먹을 수 있고, 때려죽일 수 있는 인간 사회의 존속이 가능이나 할까요?

도덕이 없다는 상상은 결국 인간성의 파멸로 이어집니다. 이는 상상만으로도 너무나 끔찍할 뿐만 아니라, 거기에는 어떠한 희망도 발견할 수 없습니다. 더불어 사람의 역사는 그러한 사회를 선택하지 않았습니다. 왜 선택하지 않았는지는 우리의 직관이 너무나 잘 설명해 준다고 생각합니다.

만약 도덕이 후천적이지 않다면 우리는 그것이 선천적이라고 밖에는 볼 수 없습니다. 도덕이 선천적이라면 그것은 철학에서 제시하는 선험적 방법론으로 그 근거를 추론할 있습니다. 도덕에 대해서 C. S. 루이스는 다음과 같이 말합니다.

> 자연주의자들은 월요일에는 양심에 대한 저의 존중심을 파괴시켜 놓고선, 화요일에도 제가 그것을 계속 존중하리라고 기대해서는 안 됩니다. 이런 식으로 빠져나갈 수 있는 길은 존재하지 않습니다. 만일 우리가 도덕적 판단을 계속하고자 한다면(말로는 뭐라고 하든 사실상 우리는 계속하게 될 것입니다), 사람의 양심은 자연의 산물이 아니라는 점을 믿어야 합니다. 그리고 양심이 타당성을 가질 수 있기 위해서 어떤 절대적인 도덕적 지혜, 즉 절대적으로 '독자적으로' 존재하며, 도덕과 무관하고 이성과 무관한 자연의 산물이 아닌, 어떤 도덕적 지혜의 산물이어야 합니다. … 다시 말하자면, 이제 우리는 하나님에 대해 무언가 더 많은 것을 알게 된 것입니다.[17]

도덕뿐만이 아니라 우리에게는 '정의'라는 개념도 있습니다. 정의는 우리가 사회를 유지하는 데 있어서 아주 중요한 사람의 권리입니다. 그렇기에 우리가 사는 세상에는 정의라는 가치가 존재합니다.

---

17 C. S. 루이스, 『기적』, 77.

그런데 이러한 정의는 실상 가난한 사람들에게는 어떠한 권리도 되지 않을 때가 많습니다. 왜냐하면 우리는 세상이 너무나 정의롭지 못하다는 사실을 경험적으로 알고 있기 때문입니다.

그런데 왜 사람들은 이 세상을 자연적으로 놔두지 않는 것일까요? 정의롭지 못한 모습을 그대로 받아들이지 않는 이유가 무엇일까요? 왜 우리는 정의를 추구하는 것일까요?

이러한 질문은 우리가 속한 세상의 모든 가치의 영역에서 발견할 수 있는 문제입니다. 이런 문제가 발견되는 이유는 한 가지입니다. 그것은 사람이 '도덕적 존재'이기 때문입니다.

우리 안에 내재되어 있는 도덕은 누군가로부터 주어진 절대적인 기준입니다. 만약 그것이 절대적이지 않다면 우리는 그것을 기꺼이 따르지 않는 삶을 살아야 합니다. 왜냐하면 우리의 논리는 우리의 삶을 반영해야 하기 때문입니다.

만약 우리가 자연주의[18]가 추구하는 신념으로 살아간다면, 우리는 분명 선과 악의 기준도, 도덕과 정의의 기준도 없는 삶을 살아야만 합니다. 만약 식인종이 사람을 잡아먹기 위해 누군가를 살해했다면, 그 일을 왜 도덕적이지 않은 일로 여길까요? 고문과 학대를 즐기는 사람을 왜 정죄할까요? 어떤 정신병자가 무차별적으로 사람을 죽이

---

18 제임스 사이어는 『기독교 세계관과 현대사상』(IVP)에서 자연주의의 여섯 가지 특징을 다음과 같이 설명합니다. 1. 물질은 영원히 존재하며, 존재하는 것의 전부다. 신은 존재하지 않는다. 2. 우주는 폐쇄 체계 속에서 인과율의 일치제로 존재한다. 3. 인간은 복잡한 '기계'다. 인격이란 우리가 아직 완전히 이해하지 못한 화학적, 물리적 성질의 상호 관계다. 4. 사망은 인격과 개체성의 소멸이다. 5. 역사는 인과율에 의해 연결된 사건들의 직선적 연속이지만, 전체적인 목적성은 없다. 6. 윤리는 단지 인간에게만 관계된다.

고 있다면, 왜 그 사람을 그냥 자연적으로 놔두지 않고 구금할까요?

어떤 자연주의자는 '가해 행위는 이를 벌할 수 있는 자유에 의해 조절된다'고 대답할 수도 있을 것입니다. 만약 그렇다면 세상은 결국 강한 자만이 살아남게 될 것이고, 그것은 자연적인 일일 것입니다. 그런데 왜 세상은 약자를 보호하고 정의를 추구합니까?

저와 여러분의 도덕과 정의의 기준을 보시기 바랍니다. 우리는 우리가 살아가는 삶의 형태 속에서 얼마든지 신의 존재를 직관적으로 공감할 수 있습니다.

05. 정신과 영혼에 관하여

2016년 5월 17일 새벽, 대한민국에서 조현병[19]이라는 정신병을 앓고 있는 한 남성이 불특정한 여성을 살해했습니다. 일명 강남역 살인 사건으로 불리는 이 사건은, 정신병이 한 개인의 범죄에 영향을 미쳤다는 이유로 감형이 이루어졌습니다. 남성은 무기 징역에서 징역 30년을 최종적으로 선고받았습니다. 이에 대해서 사람들의 갑론을박이 이어졌습니다. 이 사건의 경우 감형이 타당한가 하는 질문이 제기되었기 때문입니다. 이 질문은 우리 사회에 정신병에 대한 관심이 커지는 계기가 되었습니다.

정신병의 경우는 법적으로 감형이 될 여지가 충분합니다. 왜냐하면 정신병자가 저지른 범죄는 의도성이 적다는 이유 때문입니다. 하지만 가해자가 지닌 의도성을 따지기 전에 피해자의 입장에서 생각할 때는 납득하기 어려운 부분이 있습니다. 사람은 직관적으로 의도성보다는 규칙과 도덕을 더욱 중요하게 여기기 때문입니다. 그래서 의도성이 적다는 이유로 감형하는 법의 원칙에 의문을 갖는 것입니다.

---

19 의학적으로 사고의 장애나 감정, 의지, 충동 따위의 이상으로 인한 인격 분열의 증상입니다.

사람은 세상에서 질서와 조화를 이루는 규칙과 도덕에 근거하여 법을 만들고 그 법에 따라 개인의 죄를 처벌합니다. 그리고 죄를 범한 사람이 처한 상황에 따라 감형이 되기도 하고 가형이 되기도 합니다. 그런데 전장에서도 이야기했다시피 자연주의에 근거한다면 정신병자에게 책임을 묻는 일은 옳지 않습니다. 왜냐하면 사람을 죽이는 일도 자연적인 일로 간주될 수가 있기 때문입니다. 실제로 자연주의는 현실성이 결여되는 경우가 종종 있습니다.

그런데 최근에는 정신을 부정하는 자연주의 세계관이 등장했습니다. 정신은 일종의 뇌의 화학 작용에 불과하다고 말합니다. 이러한 측면에서 현대 과학은 사람이 일종의 알고리즘에 불과하다고도 말합니다. 이에 대해 유발 하라리(Yuval Noah Harari) 교수는 다음과 같이 말합니다.

생명 과학은 이렇게 주장한다. 1.유기체는 알고리즘이고, 인간은 분리할 수 없는 존재가 아니다. 즉, 인간은 여러 알고리즘들의 집합으로, 단일한 내적 목소리 또는 단일한 나는 없다. 2.인간을 구성하는 알고리즘들은 자유롭지 않다. 이 알고리즘들은 유전자와 환경의 영향을 받고, 자유의지가 아니라 결정론적으로 또는 무작위적으로 결정을 내린다. 3.앞의 두 전제로부터, 이론상으로 외부의 어떤 알고리즘이 나보다 나 자신에 대해 훨씬 더 잘 안다는 결론을 이끌어 낼 수 있다. 내 몸과 뇌를 구성하는 시스템 각각을 관리 감독하는 알고리즘은 내가 누구이고 어떻게 느끼고 무엇을 원하는지 정확하게 알 수 있다. 그런 알고리즘이 개발되면 유권자, 고객, 보는 사람의 눈을 대체할 수 있을 것이다. 그때는 알고리즘이 가장 잘 알고, 알고리즘이 항상 옳고, 알고리즘의 계산에 아름다움이 달려 있게 될 것이다.[20]

이러한 알고리즘의 사고 방식은 사람에게 자유 의지가 없다는 결론을 도출하게 됩니다. 자유 의지라는 실재가 아닌 느낌일 뿐이지, 모든 선택과 그에 따른 결과는 생물학적인 영향과 알고리즘의 결과를 반영하고 있다는 것입니다. 그래서 자유 의지는 일종의 망상에 불과하다는 것입니다.

사람에게 자유 의지가 없다면 사람은 일종의 시스템에 불과할 것입니다. 과연 이러한 이야기가 실재적이라고 여겨질 수 있을까요? 이에 대해서 알아보기 위해 아래의 두 가지의 주장을 살펴볼 필요가 있습니다.

1. 정신, 영혼, 마음은 존재하지 않으며, 사람에게 자유 의지는 없다.
2. 정신, 영혼, 마음은 존재하며, 사람에게 자유 의지는 있다.

정신이란 무엇일까요? 사전적으로 정신은 "① 육체나 물질에 대립되는 영혼이나 마음. ② 사물을 느끼고 생각하며 판단하는 능력. 또는 그런 작용. ③ 마음의 자세나 태도"라고 합니다. 그런데 이러

---

20 유발 하라리, 『호모데우스』(파주: 김영사, 2017), 450.

한 ①번, ②번, ③번의 설명은 모두 다 정신을 증명할 수 없는 정의들로만 가득합니다. 왜냐하면 정신을 설명하기 위해 사용한 영혼, 마음과 같은 단어들도 정신과 더불어 증명할 수 없는 단어이기 때문입니다. 어쩌면 영혼이나 마음을 증명하는 것보다 정신을 증명하는 일이 더 쉬울지도 모르겠습니다.

그러나 우리는 여전히 세상에서 정신이라는 말을 사용합니다. 영혼과 마음에 대해서도 잘 알고 있습니다. 그런 말들을 사용한다고 해서 의사소통이 어려워지지는 않습니다. 물론 우리가 아는 것은 직관을 통한 앎이긴 하지만 말입니다. 우리는 세상에서 정신, 영혼, 마음이라는 단어를 실제로 사용하고 있으며, 그것을 이해하는 일은 어렵지 않습니다. 사전적 정의는 그러한 사회 문화적 배경을 토대로 정신이라는 단어를 영혼과 마음으로 규정하는 것입니다.

그렇다면 우리는 양극단의 기로에서 선택을 해야만 하는 상황에 놓이게 됩니다. 자연주의 세계관과 현대 과학이 부정한다고 해서 모든 사람이 직관적으로 알고 있고 이미 충분한 의미로 사용하고 있는 정신, 영혼, 마음을 폐기 처분할 것인가, 아닌가 하는 것입니다. 우리는 그것들을 과감히 버릴 수 있을까요?

무신론의 이론적 토대를 세웠다고 칭송을 받는 철학자 버트런트 러셀(Bertrand Arthur William Russell, 1872-1970)은 사고와 감정과 행동 이외에 달리 드러난 실체로서의 정신 혹은 영혼이 없다고 주장하였습니다.[21] 그는 사람의 정신의 연속성은 습관과 기억의 연속성이라고 생각했습니다. 그래서 어제 한 사람이 존재했고 그 감정을 오늘의 내가 기억하고 있기에 어제의 나와 오늘의 내가 같다고 여긴다는 것입니다. 즉, 한 사람을 구성하는 것은 기억과 습관이라 불리는 것들로 연결된 일련의 경험들이 전부이며, 이에 근거하면 어떤 사람이 죽은 후에도 존재한다는 것은 믿을 수 없는 일이라고 합니다. 왜냐하면 그 사람을 구성하는 기억과 습관들이 새로운 사건 환경에서 계속 나타나지 않게 될 것이기 때문이라는 이유입니다.

러셀은 정신이나 영혼이 기억이라는 뇌의 구조와 밀접한 관련이 있는 것으로 생각했습니다. 그리고 죽음 이후에는 기억이 해체되어 버릴 것이라고 여겼습니다. 하지만 이러한 러셀의 주장을 되짚어 보면, 그 주장이 타당성을 가지기 위한 아주 중요한 전제가 드러납니다. 그것은 죽음 이후에 기억이 해체될 것이라는 전제입니다. 이는 증명되지 않는 죽음의 상태를 전제하여 정신과 영혼의 실재를 부인하는 것이라고 볼 수 있습니다. 결국 이러한 주장도 유발 하라리 교수와 마찬가지로 자연주의 세계관의 확장형이라고 해도 다르지 않습니다.

그렇다면 정신과 영혼을 증명할 방법이 있을까요? 물론 정신과 영혼의 존재를 증명할 수는 없습니다. 하지만 저는 직관적으로 정신, 영혼, 마음이 실재한다는 것을 압니다. 이 글을 쓰고 있는 나 자

21　버트런드 러셀, 『나는 왜 기독교인이 아닌가』(서울: 사회평론, 2019), 124.

신은 실재로 정신, 영혼, 마음으로부터 존재한다고 생각합니다. 그렇기에 저는 도무지 정신, 영혼, 마음을 버릴 수는 없습니다.

그런데 한 가지 더 생각해 봐야 할 문제가 있습니다. "과연 자연주의 세계관은 정신, 영혼, 마음을 완벽하게 분석한 것인가?"라는 질문입니다. 분명한 사실이 있습니다. 자연주의가 정신, 영혼, 마음에 대해서 분석을 마쳤다고 할지라도, 단지 그것은 물질 영역만을 이야기한 것에 불과하다는 사실입니다. 그리고 그것은 세상이 물질 영역으로만 이루어졌다는 가정을 전제하는 이야기일 뿐입니다.

세상은 물질로만 이루어진 것일까요? 사람은 몇 가지의 물질적 원자들의 결합물에 불과할까요? 정신과 영혼은 그저 뇌에서 분비되는 호르몬 작용에 불과할까요? 그러한 세계관에서는 신의 존재를 발견할 수가 없습니다. 왜냐하면 물질 영역만을 실재라고 믿는 믿음이 전제되어 있기 때문입니다.

우리는 AI를 생각할 때 그것이 사람과 다르다는 점을 정확하게 인식할 수 있습니다. 알고리즘은 사람을 창조해 낼 수 없다는 사실도 직관적으로 알 수 있습니다. 이에 대해서는 유발 하라리 교수는 말합니다.

수백억 개 뉴런이 수백억 개 전기 신호를 주고받을 때 주관적 경험들이 일어난다. 각각의 전기 신호를 보내고 받는 것은 단순한 생화학적 현상일지 몰라도, 이 모든 신호들 사이의 상호 작용은 훨씬 더 복잡한 어떤 것(의식의 흐름)을 창조한다. … 하지만 이런 설명은 실은 아무것도 설명하지 못한다. 문제가 매우 복잡하다는 것을 확인시켜 줄 뿐이다. 어떻게 한 종류의 현상(여기서 저기로 움직이는 수백억 개의 전기 신호)이 매우 다른 종류의 현상(분노나 사랑 같은 주관적 경험)을 일으키는가, 하는 문제의 핵심을 꿰뚫지 못한다.[22]

자유 의지에 대해서도 마찬가지입니다. 알고리즘으로 사람을 규명하려는 시도, 혹은 자연주의 세계관은 자유 의지를 설명할 수 없습니다. 그에 따르면 사람의 선택은 일종의 자연적인 흐름이나 과정에 불과합니다. 하지만 우리는 직감적으로 사람이 자유 의지를 가지고 있음을 알 수 있습니다. 우리가 가진 자유 의지는 허구에 불과한 것일까요?

여러분은 어떤 선택을 하겠습니까? 사람에게 있는 정신, 영혼, 마음, 자유 의지를 인정할 것이냐, 아니냐 하는 선택의 기로에서 말입니다. 만약 여러분이 정신, 영혼, 마음, 자유 의지를 인정한다면 이는 곧 신의 존재를 깨닫는 빛이 될 것입니다. 하지만 여러분이 정신, 영혼, 마음, 자유 의지를 인정하지 않는다면 여러분은 세상을 물질적으로만 바라보게 될 것이고, 이러한 세계관으로는 신의 존재를 깨달을 수 없게 될 것입니다.

반면에 이런 생각을 하시는 분들이 있을는지 모르겠습니다. '저는 정신, 영혼, 마음, 자유 의지가 실제로 존재한다고 생각합니다. 그

---

22 유발 하라리, 『호모데우스』, 156-157.

런데 어떻게 그것이 신의 존재를 깨닫는 빛이 된다는 건가요?'

그 이유가 있습니다. 정신, 영혼, 마음, 자유 의지는 모두 영적인 실체이기 때문입니다. 이것들은 물질적인 실체가 아닙니다. 물질적인 실체가 아니라면, 우리는 그것을 무엇이라고 불러야 할까요? 물론, 아무렇게나 불러도 됩니다. 하지만 여러분이 그것을 물질적인 실체가 아니라고 생각하는 순간, 그것은 물질을 넘어서 존재하는 영적인 실체가 되는 것이라고 볼 수 있습니다.

그렇다면 영의 세계가 실재하는 것일까요? 네, 그렇습니다. 제게는 이에 대한 직관적인 믿음이 있습니다. 하지만 이에 대해서도 여전히 선택적 사항에 불과하다고 여겨질 수 있습니다. 왜냐하면 여전히 우리에게는 자연주의 세계관을 선택할 수 있는 자유 의지가 있기 때문입니다. 일단 이점에서 자유 의지는 저와 여러분에게 분명히 있습니다.

철학적인 질문을 하나 해 보겠습니다. '나'란 누구이며, 무엇입니까? 우리는 스스로 자기 자신을 규명할 수 없습니다. 나의 이름도, 주소도, 성별도, 습관도 나를 정확하게 규명해 주지 않습니다. 나를 거울에 비추어 보여 주는 물질적 구성 요소로 이루어진 육체도 마찬가지입니다. 나는 육체뿐만이 아님을 알고 있습니다. 그렇다면 '나'란 과연 어떤 존재일까요?

일반적으로는 사람의 존재는 육체와 영혼으로 이루어져 있다고 여깁니다. 대부분의 사람들은 자신의 영혼에 대해서 직관적으로 알고 있습니다. 그리고 영혼은 정신과 밀접한 관련이 있다는 사실을 인정합니다.

만약 사람에게 영혼이 없다면, 그리고 정신이란 오로지 개인의 과거에서 피어난 기억의 산물이라면, 인류는 정신의 기원을 온전히 밝혀낼 수 없을 뿐더러, 만약 밝혀낸다고 하더라도 그 기원은 마침내 끝도 없이 거슬러 올라가는 형국 속에서 자연주의 세계관의 근원인 물질적인 측면에 불과하게 될 것입니다. 그리고 이러한 정신에 대한 이해는 영혼의 존재에 대해서 더욱 불명확한 태도를 가지게 될 뿐입니다.

이 순간 잠시 책을 덮고 생각해 보시기 바랍니다. 여러분은 정신과 영혼이 실재한다고 믿으십니까? 아니면 그것들이 모두 물리적인 요소에 불과하다고 여기십니까? 영적 차원은 존재하는 걸까요? 어찌 되었든지 간에 여러분이 행하는 선택은 결국 여러분 자신, 즉 여러분의 정신, 영혼, 마음, 자유 의지가 선택한 것이라고 여겨지시지 않습니까?

여러분의 정신과 영혼에 주의를 기울여 보시기 바랍니다. 저는 여러분이 자신의 정신과 영혼을 진정으로 사랑하고, 그것들의 숨결이 머무는 곳에 가닿을 수 있기를 바랍니다. 성경은 이렇게 말씀합니다.

사랑하는 자여 네 영혼이 잘됨 같이 네가 범사에 잘되고 강건하기를
내가 간구하노라 _요한삼서 1:2

06. 존재와 죽음에 관하여

나는 생각한다. 그러므로 나는 존재한다. _ 르네 데카르트

실존은 본질에 앞선다. _ 장 폴 사르트르

    철학사 속에는 존재에 관한 훌륭한 선언들이 있습니다. 그중에 하나는 데카르트(René Descartes, 1596-1650)의 "나는 생각한다. 고로 나는 존재한다."입니다. 데카르트는 방법적 회의의 종착지에 이르렀을 때 이 명제를 도출해 내었습니다. 나라는 존재는 누구도 의심할 수 없고 인정할 수밖에 없는 확실한 사실이라고 생각했습니다. 회의의 과정으로써 존재를 도출해 내고, 심지어 존재를 규명해 냈다는 것은 놀라운 업적이었습니다.

    이러한 데카르트의 명제에 이어서 사르트르(Jean-Paul Charles Aymard Sartre, 1905-1980)는 "실존은 본질에 앞선다."라는 선언을 했습니다. 사르트르는 존재하는 모든 것이 아무런 이유 없이 그냥 거기에 있는 것이라고 여겼습니다. 따라서 그 존재가 있고 난 후에야, 그 존재에 대한 의미가 부여되고, 그것은 무엇이 된다고 생각했습니다. 이러한 생각은 데카르트의 명제를 뒤바꾼 것이라고 볼 수 있습니다. 즉,

"나는 존재한다. 고로 나는 생각한다."라는 것입니다.

데카르트는 인식을 통하여 존재를 발견하였고, 사르트르는 존재 자체를 아주 중요한 사실로 정의하였습니다. 이 둘은 엄격한 차이점이 있지만, 분명한 공통점을 가지고 있습니다. 그것은 둘 다 존재를 분명하게 인정했다는 점입니다.

존재는 허상이 아닙니다. 존재는 실재적이고, 실체적이며, 명명백백합니다. 그렇기에 존재한다는 사실은 무시할 수 없고, 버릴 수도 없으며, 거부할 수도 없습니다. 그것이 사람이 가지는 존재성입니다.

하지만 존재를 명확하게 규정하는 것은 쉬운 일이 아닙니다. 왜냐하면 존재란 상대적으로나 관계적으로 파악되기 때문입니다. 존재 자체를 규정하기 위해서는 존재 자체가 지닌 속성이 증명되어야 합니다.

예를 들어, 만약 여러분이 지금 의자에 앉아 있다면, 그 의자의 존재를 어떻게 설명하시겠습니까? 의자의 색깔? 모양? 높이? 넓이? 이런 것들은 빛을 통해 의자가 보여 주고 있는 외형입니다. 그렇다면 그 외형이 의지의 존재를 완전하게 규명한 것이라고 볼 수 있을까요? 단순한 의자라는 사물도 그 존재를 증명하는 것은 너무나 어려운 일입니다. 존재의 속성을 증명하는 것은 사람의 한계를 뛰어넘는 일입니다. 따라서 플라톤(Plato, 약 B.C. 427~ 약 B.C. 347)은 실재를 '이데아'라고 했고, 데카르트는 존재를 탐구함에 있어서 '생각'에까지 나아갔던 것입니다.

존재를 명확하게 규정하기가 어려움에도 불구하고 사람이라는 존재가 허상이 아니라는 사실은 누구나 인정합니다. 그리고 공감합니다. 지금 여러분이 존재하고, 여러분이 읽는 책이 존재한다는 사실은 누구도 부인할 수 없는 사실입니다. 또한 사람이라는 존재가 허상이 아닌 중요한 이유가 있습니다. 그것은 사람의 존재가 마침내 실제로 죽음을 맞이한다는 것입니다. 죽음은 현실입니다. 존재와 죽음이 밀접한 관련이 있다는 사실은 그 둘이 실재적임을 깨닫게 합니다. 모든 살아 있는 존재는 필연적으로 죽음을 경험하게 될 것임을 알기 때문입니다.

그런데 여기에서 우리는 모든 존재하는 것들이 죽음을 경험하는 것은 아님을 알 필요가 있습니다. 예를 들어, 돌덩이는 죽음을 경험하지 않습니다. 그 존재가 부서질 수는 있을지언정 죽는 것은 아닙니다. 만약 어떤 돌덩이가 모래가 되었다고 한다면, 그 돌덩이는 죽은 것일까요?

사람은 물질로 구성되어 있습니다. 물질은 사람의 존재가 가지는 가시적인 부분입니다. 사람은 죽음을 경험하게 될 때 흙이 될 것입니다.[23] 가시적인 부분은 돌덩이처럼 부서지는 성질을 가지기 때문입니다. 그렇다면 부서지는 성질을 가진 사람과 돌덩이는 같은 죽음을 경험하는 것일까요? 그렇지는 않습니다. 왜냐하면 사람은 돌덩이와는 다르기 때문입니다. 사람은 죽음을 실제적으로 경험합니다.

---

23 "...너는 흙이니 흙으로 돌아갈 것이니라..."(창세기 3:19).

하지만 돌덩이는 그렇지 않다고 보는 것이 통상적입니다.

만약 돌덩이의 존재와 사람의 존재가 다르다면, 그리고 이 둘의 죽음도 다르다면, 우리는 이 둘의 차이로 인하여 존재의 차이를 발견할 수 있을 것입니다. 여기서 말하는 존재의 차이란 데카르트가 말한 '생각'일 수도 있고, 사르트르가 말한 '본질'일 수도 있습니다.

존재의 차이는 사람에게 많은 깨달음을 줍니다. 사람은 무언가를 깨달을 수 있습니다. 또한 존재의 차이는 존재에게 느낌을 줍니다. 사람은 무언가를 느낄 수 있습니다. 우리는 존재하기에 무언가를 깨달을 수 있고 느낄 수 있습니다. 반대로 우리는 깨달을 수 있고 느낄 수 있기에 존재하는 것일 수도 있습니다.

'사람이라는 존재는 죽음을 안다.'는 명제를 생각해 봅시다. 이 명제는 틀림없는 사실입니다. 우리는 죽음을 경험해 본 적도 없지만, 분명하게 죽음을 알고 있습니다. 사람이 알 수 있는 죽음에 대한 모든 것은 이미 사람 안에 내재되어 있습니다. 우리는 본능적으로, 또 직관적으로 죽음을 압니다. 그리고 그것을 느낍니다.

죽음에 대한 일반적이며 통상적인 느낌이 있습니다. 그것은 바로 두려움입니다. 사람은 죽음을 두려워합니다. 고소 공포증이 있는 사람은 높은 곳에서 아래를 내려다볼 때 두려움을 느낍니다. 왜냐하면 죽음에 직면하는 것만 같기 때문입니다. 비록 고소 공포증이 없는 사람일지라도 이러한 느낌이 무엇인지는 알고 있습니다.

그런데 보통 신의 존재를 부정하는 사람들은 이러한 죽음의 두려움을 제거해야 한다고 여깁니다. 작가 짐 홀트(Jim Holt)는 죽음에 대한 철학자들의 견해를 다음과 같이 말합니다.

스피노자(Baruch de Spinoza, 1632-1677)는 이렇게 선언했다. "자유
로운 사람은 죽음을 조금도 생각하지 않는다." 철학적으로 죽기는 그
냥 유쾌하게 죽기라는 뜻인지도 모른다. 최고의 모범 인물은 데이비드
흄(David Hume, 1711-1776)이다. 죽어 없어진다고 생각하니 무섭지
않느냐는 물음에 그는 차분히 대답했다. "전혀."[24]

왜 이들은 죽음의 두려움을 제거하려고 했을까요? 그 이유는 이
들이 신이 주시는 최고의 선물인 죽음으로부터의 구원이 자연적인
삶에 장애물이 된다고 여기기 때문입니다. 그들은 죽음과 같은 자연
적인 일은 그저 받아들이기만 하면 그만이라고 생각합니다. 그런데
한 가지 아이러니가 있습니다. 그들은 모든 자연적인 삶을 추구하자
고 주장하면서도 죽음에 대해서 발생하는 자연적인 '감각을 제거'하
려고 한다는 점입니다. 그들은 죽음이 가져다주는 두려움을 극복해
야 한다고 여깁니다. 그들에게 있어서 죽음은 단지 하나의 자연스러
운 과정일 뿐인데 말입니다.

그들에게 죽음은 돌덩이가 모래화되는 일에 불과한 일입니다. 그
렇게 자연스럽게 죽음을 받아들이게 된다면, 죽음은 더 이상 두려운
일이 아닌, 자연적인 현상에 불과하다고 말합니다. 그리고 그렇게

---

24 짐 홀트, 『아인슈타인이 괴델과 함께 걸을 때』(서울: 소소의 책, 2020), 359.

죽음을 맞이하는 것으로써 죽음의 두려움은 극복되어야 한다고 말합니다.

하지만 죽음이 자연스러운 일이라면, 두려움을 어떻게 받아들여야 할까요? 정말 죽음을 두려움 없이 자연스럽게 받아들일 수 있을까요? 수많은 전사자들이 즐비한 전쟁터에서 친한 동료의 죽음은 자연스러운 일일까요? 이제 병상에서 죽음을 앞둔 초등학생 아들을 바라보는 어머니에게 아들의 죽음은 자연스러운 일일까요? 태어난 지 몇 개월이 채 안 된 갓난아기가 죽음을 맞이해야 한다면, 그 아기의 부모는 그 일을 자연스럽게 받아들일 수 있을까요?

누군가에게는 정말 죽음이 두렵고 무서운 일이 될 수 있습니다. 그런데 무신론자들은 아마 그런 마음이 있는 사람을 이렇게 비판할 것입니다. "죽음을 두려워하는 것은 나약한 생각일 뿐입니다. 죽음을 두려워하지 마세요. 죽음을 자연스럽게 받아들이세요."

무신론자들은 강력한 의지를 가진 사람들입니다. 그 의지는 죽음을 두려워하지 않을 수 있다는 믿음에서 기인하는 힘입니다. 그리고 그들은 신을 의지하는 유신론자들을 연약한 사람으로 생각합니다. 자신의 힘을 믿지 못하고 무언가 실재하지도 않는 유령과도 같은 버팀목에 기댄 사람들로 생각하는 것입니다.

하지만 저는 사람이 죽음에 대해서만큼은 너무나 나약한 존재라는 사실을 인정합니다. 왜냐하면 결국 저와 제 주변의 사랑하는 사람들의 존재는 죽음의 사슬에서 빠져나올 수 없기 때문입니다. 저는 사람이 죽음을 이길 힘을 가지고 있다고 생각하지 않습니다. 더군다

나 사람은 죽음을 자연스러운 일로 받아들일 수 없다고 생각합니다.

그렇다고 해서 제가 삶을 용기 없이 사는 것은 아닙니다. 저는 단지 용기라는 것이 무한대로 확장되는 것이 아니라고 말하는 것입니다. 우주라는 위대함에 비추어 제 존재와 제가 가진 용기는 한낱 티끌에 불과하다는 사실을 고백하는 것입니다.

이러한 자기 고백은 저를 신의 존재로 끌고 갑니다. 저는 제 자신의 나약한 용기 때문에 신의 존재를 설정한 것이 아닙니다. 다만 자연스럽게 제 자신이 생각하고 느끼는 죽음에 대한 두려움을 의미 있게 사색하는 것일 뿐입니다. 그리고 존재와 죽음의 필연성 속에서 사람이 그것을 극복할 만한 어떤 힘과 대책도 없음을 말하는 것일 뿐입니다.

신의 존재는 선택입니다. 하지만 이것은 중요한 선택입니다. 왜냐하면 우리의 인생은 죽음을 두려워하지 않고 받아들이는 믿음과 죽음을 두려워함으로써 신의 존재를 의지하는 믿음 중에 하나를 선택하지 않을 수 없기 때문입니다. 결국 사람의 인생은 아래의 두 가지의 선택 사항으로 설명될 수 있습니다.

1. 존재의 죽음은 사람의 힘으로 극복해야 한다고 믿는다.
2. 존재의 죽음은 신의 힘으로 극복해야 한다고 믿는다.

어떤 과학자들에 의하면, 앞으로의 인류는 죽음도 극복할 수 있는 존재가 될 것이라고 합니다. 그들에 의하면, 죽음을 일으키는 요소들을 하나씩 제거한 후에 인류의 수명을 계속해서 연장하는 방법이 2200년쯤에 실현될 것이라고 주장합니다.[25] 하지만 이렇게 인위적으로 삶의 수량을 늘리는 것이 어떤 의미가 있을까요? 아무 가치 없이 그저 돌덩이처럼 영원히 살아 있는 삶은 의미가 없습니다. 결국 모든 물질의 소멸은 자명한 사실입니다.

존재와 죽음을 자연적인 일로 두고 사람의 용기를 최대치로 끌어 올리는 일은 신의 존재가 없다는 가정 하에서 인류가 가진 최고의 희망이 될 수도 있습니다. 하지만 사람은 존재와 죽음의 진정한 의미를 발견하기 전까지는 어떤 희망도 받아들이지 않을 것입니다. 왜냐하면 그 희망은 실상 한 시대조차 넘어서지 못하고 소멸되어 버리는 것에 불과하기 때문입니다.

자연주의는 존재와 죽음에서 발견할 수 있는 모든 '의미'를 제거해 버립니다. 왜냐하면 그 안에서는 모든 일을 자연적으로만 받아들이기 때문입니다. 만약 '의미' 자체를 사람이 가진 내재적 힘에 기인하는 것이라고 한다면, 그 힘의 결과가 존재와 죽음에 대해서 어떤 '의미'를 만들어 냈는지를 우리는 숙고해야 합니다. 이에 대해서 지혜의 왕 솔로몬은 말합니다.

다윗의 아들 예루살렘 왕 전도자의 말씀이라 전도자가 이르되 헛되고 헛되며 헛되고 헛되니 모든 것이 헛되도다 해 아래에서 수고하는 모든 수고가 사람에게 무엇이 유익한가 한 세대는 가고 한 세대는 오되 땅

---

25   유발 하라리, 『호모데우스』, 45.

신을 의지하는 것은 사람에게 있어서 너무 나약하게만 보입니다. 그러나 그것은 세상의 헛됨이 무엇인지를 깨닫는 과정입니다. 왜냐하면 신은 세상에서 사람에게 존재와 죽음에 의미를 부여해 주기 때문입니다. 또한 신은 존재와 죽음의 의미로부터 건져 올려야 하는 진정한 가치를 발견하도록 이끌어 줍니다.

신의 존재는 죽음의 두려움뿐만 아니라 죽음의 허무함을 해결해 줍니다. 물론 죽음을 해결하기 위해 신을 믿는 것은 아닙니다. 신의 존재를 믿는 것이 죽음을 극복하는 놀라운 결과를 파생시킨다는 말입니다.

우주와 그 가운데 있는 만물을 지으신 하나님께서는 천지의 주재시니 손으로 지은 전에 계시지 아니하시고 또 무엇이 부족한 것처럼 사람의 손으로 섬김을 받으시는 것이 아니니 이는 만민에게 생명과 호흡과 만물을 친히 주시는 이심이라 인류의 모든 족속을 한 혈통으로 만드사 온 땅에 살게 하시고 그들의 연대를 정하시며 거주의 경계를 한정하셨으니 이는 사람으로 혹 하나님을 더듬어 찾아 발견하게 하려 하심이로되 그는 우리 각 사람에게서 멀리 계시지 아니하도다 우리가 그를 힘입어 살며 기동하며 존재하느니라 _사도행전 17:24-28

여호와는 나의 목자시니 내게 부족함이 없으리로다 그가 나를 푸른 풀

밭에 누이시며 쉴 만한 물 가로 인도하시는도다 내 영혼을 소생시키시고 자기 이름을 위하여 의의 길로 인도하시는도다 내가 사망의 음침한 골짜기로 다닐지라도 해를 두려워하지 않을 것은 주께서 나와 함께 하심이라 주의 지팡이와 막대기가 나를 안위하시나이다 _시편 23:1-4

저는 신의 존재를 통해 사람이라는 존재와 죽음이 가진 의미가 뚜렷하게 드러난다고 여깁니다. 물론 이것은 선택 사항입니다. 저는 이 사실을 받아들이지 못하는 분들께 이렇게 묻고 싶습니다.

과연 죽음을 극복할 수 있는 존재가 있을까요?

07. 신과 의미에 관하여

지금까지 여러분은 신의 존재를 이전보다 더욱 다각도로 이해하게 되었을 것입니다. 저는 이러한 탐구의 과정이 여러분에게 신의 존재를 직관적으로 공감할 수 있는 길을 열어 주기를 간절히 소망합니다.

이제 첫 번째 챕터의 마지막 부분에 이르렀습니다. 이 부분에서 저는 '만약 신이 존재한다면, 그 존재가 나 자신에게 어떤 의미가 있는지'에 대해 알아보고자 합니다. 먼저 성경을 살펴보겠습니다.

태초에 하나님이 천지를 창조하시니라 _창세기 1:1

태초에 말씀이 계시니라 _요한복음 1:1

창세기 1장 1절과 요한복음 1장 1절은 놀랍도록 닮았습니다. 이두 문장은 마치 쌍둥이처럼 보입니다. 둘의 문장 구조도 비슷하고, 둘 다 태초에 있었던 일을 묘사하고 있기 때문입니다. 첫 번째 문장은 태초에 있었던 신의 창조를 선언하고, 두 번째 문장은 태초에 있었던 말씀의 존재를 선언합니다. 이러한 두 문장은 우리에게 신은 세상과 어떤 관계에 있는지를 알려 줍니다.

설명하자면 이렇습니다. 신은 천지를 창조하실 때 말씀과 함께 계셨습니다. 여기에서 말씀은 헬라어로 '로고스'입니다. 로고스란 철학적으로 이성, 혹은 세상을 지배하는 원리를 의미합니다.[26] 즉, 태초에 신은 세상을 창조한 존재이면서, 세상을 지배하는 원리로서 존재하셨던 것입니다.

이러한 성경 내용을 배경으로 하여 우리는 신의 창조가 세상에 의미를 창출하는 원동력인 것을 확인할 수 있습니다. 이에 대해서는 위의 성경 구절과 이어지는 창세기 1장 31절과 요한복음 1장 3절을 통해 확인할 수 있습니다.

> 하나님이 지으신 그 모든 것을 보시니 보시기에 심히 좋았더라 _창세기 1:31

> 만물이 그로 말미암아 지은 바 되었으니 지은 것이 하나도 그가 없이는 된 것이 없느니라 _요한복음 1:3

첫 번째 문장을 통해 우리는 신이 피조물에게 '좋은 상태'라는 의

---

26 사전적으로 로고스란 다음과 같이 정의합니다 1.[기독교] 하나님의 말씀. 또는 그것이 형태를 취하여 나타난 삼위일체의 제2위인 그리스도. 2.[철학] 그리스 철학에서, 언어를 매체로 하여 표현되는 이성. 또는 그 이성의 자유. 3.[철학] 스토아학파에서, 숙명적; 필연적으로 사람을 지배하는 신.

미를 부여했음을 알게 됩니다. 그리고 두 번째 문장을 통해 우리는 신이 피조물에게 '존재성'이라는 의미를 부여했음을 알게 됩니다. 이에 따르면 신은 세상을 창조하신 분으로서, 세상에 있는 모든 존재에게 그 의미를 부여한 원인이었습니다. 결과적으로 우리는 신의 창조가 존재의 의미까지도 창조해 냈다는 사실을 성경을 통해 확인할 수 있습니다.

이러한 성경적 원리는 성경을 따르지 않는 사람에게는 다소 부정적으로 느껴질 수도 있습니다. 왜냐하면 신으로부터 모든 존재의 의미를 도출해 내는 것이 못마땅하게 여겨지기 때문입니다. 그렇다고 신의 존재를 인정하지 않을 때 비로소 존재의 의미가 드러나는 것은 아닙니다. 중요한 것은 존재의 의미를 어떻게 발견할 것인가 하는 문제입니다.

그렇다면 일반적인 의미에서 존재의 의미에 대해 생각해 보겠습니다. 여러분은 자신의 존재가 어떤 의미를 가지고 있다고 생각하십니까? 우리가 만약 신의 존재를 거부한다면, 우리는 존재의 의미를 발견할 수 있을까요?

이에 대해 저는 신의 존재와 사람이 가지는 존재의 의미가 필수 불가결적으로 연결되어 있다고 봅니다. 왜냐하면 존재의 의미라는 것은 실상 외부적인 개념이기 때문입니다. 어떠한 의미가 있으려면 그 의미를 부여한 외부적 존재가 있어야 한다는 것입니다.

알리스터 맥그래스(Alister McGrath) 교수는 이렇게 말합니다.

인간의 정체성을 정의하기는 아주 쉽다. 우리는 우리 자신을 유전자의 조직으로, 사회에서 차지하는 위치로, 그 외 셀 수 없는 많은 다른 사회적 변수들로 정의한다. 우리는 우리가 속한 인종, 국적, 몸무게, 성으로도 정의될 수 있다. 하지만 많은 경우 정체성은 단순히 우리가 우연히 속하게 된 범주들 정도로 치부된다. 과학 시대가 우리에게 안겨 준 저주 덕분에, 인간은 다만 유전자 유형과 사회적 유형 정도로 전락해 버린 것이다. 이제 개인의 정체성은 인격과 아무 상관없는 유전자 암호와 관련된 문제가 되어 버렸다. 그리하여 인격을 무시한 정체성 정의에 강력히 저항하는 움직임이 일어나게 되었다. 유대인 철학자인 마르틴 부버는 인간을 순수하게 과학으로 설명하면 결국 인간을 객체로, 즉 '너'가 아니라 '그것'으로 떨어뜨린다고 주장했다. 부버는 인간의 정체성을 이루는 본질을 관계 속에 존재할 수 있는 능력이라고 보았다. 우리를 정의해 주는 것은 화학 구성이나 유전자 구성이 아니라, 우리의 사회적이고 인격적인 관계다. 정체성은 주어진 것이지, 우리가 얻는 게 아니다. 나는 내 자녀로 말미암아 아버지라는 내 정체성을 부여받았다. 은혜로 말미암아 나를 택하여 나와 사귐을 가지시고 이런 식으로 나를 존중해 주신 하나님이 내게 의미 있는 사람이라는 정체성을 부여해 주셨다.[27]

만약 의미를 부여한 외부적 존재가 없다면, 우리는 절대적인 의미

27 알리스터 맥그래스, 『우주의 의미를 찾아서』, 213-214.

를 발견할 수 없게 됩니다. 여기에서 절대적인 의미라 함은 모든 사람이 태생적, 내재적, 후천적, 자발적 요인들을 모두 포함하여 가치 있게 여길 만한 의미를 말하는 것입니다. 만약 의미를 부여한 외부적 존재가 없다면 우리는 태어남과 죽음이 자연적으로 이루어지는 생태계에 순응하는 것을 최종적인 의미로 받아들여야만 합니다. 또는 모든 사람이 제각각 선택하는 상대적인 의미가 진정한 의미라고 말하는 수밖에는 다른 방도가 없습니다.

예를 들어, 만약 어떤 사람이 자신의 존재에 대한 만족감이 없어서 자살했다면, 이 자살은 어떤 의미로 받아들여야 할까요? 만약 신의 존재가 없다면, 자살은 그 자체로 하나의 자연적인 의미만 남게 될 것입니다. 살인을 저지르는 일이나 고문을 하는 일도 그 자체로 하나의 자연적인 의미가 될 수 있습니다. 이런 것들은 외부에서 온 의미가 아닙니다.

자연주의는 의미를 부여한 존재가 없다고 여기기 때문에, 모든 의미는 상대적인 것이 되고, 그 의미는 지극히 자연적인 일이 될 뿐입니다. 그렇다면 결국 모든 사람은 자연적인 일 외에는 아무런 의미가 없는 것이라고 볼 수밖에 없습니다. 왜냐하면 모든 사람은 자연이라는 테두리를 벗어날 수 없기 때문입니다.

만약 자연적인 일이 곧 의미라고 한다면, 실상 사람들은 아무런 의미도 손에 잡을 수 없습니다. 정의, 평화, 자유 등의 의미들은 자연주의에 반하는 개념이 됩니다. 자연주의 속에서 유일한 의미는 '되는 대로 되어 가는 것'일 뿐입니다.

이번에는 다른 측면에 대해서도 생각해 보겠습니다. 의미는 긍정적인 측면과 더불어 부정적인 측면도 있습니다. 예를 들어 우리는 남을 도와주는 일은 긍정적인 의미가 있다고 여기는 반면, 남을 착취하는 일은 부정적인 의미가 있다고 생각합니다. 그런데 이러한 의미의 부정적인 측면 때문에 신의 존재는 허상에 불과한 걸까요?

의미를 인정하면 할수록, 우리는 신의 존재에 가까이 갈 수 있습니다. 그런데 의미의 부정적인 측면은 우리가 신의 존재를 부정하게 만드는 것 같습니다. 왜냐하면 신이 선한 의도로 세상을 창조했는데, 그 세상이 부정적인 의미를 만들어 낸다면 그것은 결국 신이 부정적인 의미를 창조했다고 볼 수 있기 때문입니다.

하지만 이 문제는 사람이 가진 자유 의지로 이해될 수 있습니다. 신은 사람에게 자유 의지를 주었습니다. 이는 긍정적인 일과 부정적인 일을 선택할 수 있는 선택 권한을 주었다는 의미입니다. 신이 선택권을 사람에게 주었기 때문에 사람은 자유롭게 사랑할 수 있게 되었습니다. 사랑을 할 수도 있고, 사랑을 하지 않을 수도 있게 된 것입니다. 이러한 사랑은 자칫 '사랑하지 않음'이나, 더 극단적으로 '미움'으로 바뀔 여지가 있음에도, 신은 자유로운 선택권을 사람에게 준 것입니다.

신이 사람에게 자유 의지를 주었다면, 우리는 의미의 부정적인 측면이 있는 이유에 대해서 이해할 수 있습니다. 그것은 진정한 긍정적인 의미를 발견하도록 하기 위함인 것입니다. 예를 들어, 진정한 사랑은 그것의 반대 개념인 미워하는 마음을 선택하지 않는 것임을 삶에서 깨달아 가는 것과 같은 이치입니다.

그런데 사람은 꼭 의미를 발견해야 하는 걸까요? 그냥 의미 없이 살면 안 되는 걸까요? 물론 그럴 수 있습니다. 의미 없이 살 수 있습니다. 하지만 저는 그러한 삶에 어떤 가치가 있는지 모르겠습니다. 그저 인생의 무가치함을 받아들이라고 말하는 공허함 외에는 아무것도 발견할 수 없다는 생각이 듭니다.

또 이런 질문이 생깁니다. "의미 없는 사람은 어떤 존재인가?" 저는 의미 없는 사람의 존재를 그려 볼 수 없습니다. 그리고 그것을 그려 내는 일은 이상과 삶에서 괴리가 일어난다고 생각합니다. 이에 대해서는 이렇게 질문할 수 있습니다. "여러분은 자신이 아무런 의미가 없다는 사실을 인정하며 살 수 있습니까?"

반면, 만약 사람이 스스로 의미를 발견한 것이라고 한다면, 의미는 절대적인 가치를 가질 수 없습니다. 왜냐하면 다른 사람이 A라는 의미에 또 다른 B라는 의미를 부여할 수 있기 때문입니다. 이렇게 되면 모든 의미는 상대적이며, 불명확한 것이 되어 버립니다.

그렇다면 절대적인 의미는 없는 것일까요? '존재는 좋은 것이다', '생명은 소중하다'와 같은 의미는 절대적이지 않는 걸까요? 만약 이런 명제들이 절대적이지 않다면, 결국 존재의 의미는 없는 것 아닐까요?

신의 존재가 없다고 여기는 자연주의 세계관은 안타깝게도 '의미 없음'으로 나아가고 있습니다. 왜냐하면 그 세계관 속에서의 의미는 그것 자체로 어떠한 가치를 판단할 수 없기 때문입니다. 하지만 의미를 부여해 준 외부적 원인, 즉 신의 존재를 믿는 사람은 '의미 있음'으로 나아갈 수 있습니다. 왜냐하면 신의 존재가 분명한 의미를 부여하기 때문입니다. 이에 대해서 여러분은 아래와 같은 두 가지의 내용 중에 하나를 선택해야만 할 것입니다.

1. 신은 존재하지 않고, 존재의 절대적인 의미는 없다.
2. 신은 존재하고, 존재의 절대적인 의미는 있다.

세상에 존재하는 모든 것은 아무런 의미가 없는 것일까요? 그것들은 단지 자연적인 형태로서의 의미를 제외하면 아무것도 남지 않는 것에 불과할까요? 그것들은 결국 자연적인 소멸을 앞두고 있을 뿐 그 이상의 아무런 가치를 부여할 수 없는 것일가요? 분명 우리의 직관은 그렇지 않음을 깨닫게 합니다. 저는 이렇게 되묻고 싶습니다.

절대적인 의미를 부여한 신의 존재가 없다면, 왜 우리는 의미 있는 삶을 바라는 걸까요?

제2장

신은
어떤 존재인가요?

08. 유신론에 관하여

여러분은 신이라는 말을 들을 때 어떤 이미지가 떠오르시나요? 힘이 세고 거대한 장수의 이미지가 떠오르시나요? 아니면 인자하고 자상한 할아버지가 떠오르시나요? 아니면 마법의 지팡이를 들고 고깔모자를 쓴 마법사가 떠오르시나요?

사람들은 어떤 단어를 접할 때 저마다 머릿속으로 떠올리는 이미지가 있습니다. 그런데 그 이미지는 천차만별입니다. 하나의 단어를 가지고도 저마다 생각하는 이미지는 매우 다양합니다. 그렇다면 사람마다 다양하게 생각하는 신의 이미지를 종합하고 선별한다면 어떻게 될까요?

신에 대하여 일반적으로 알려진 세 가지의 존재 양식이 있습니다. 이신론(理神論, deism), 범신론(汎神論, pantheism), 유신론(有神論, theism)입니다. 신의 존재를 인정하는 사람들은 보통 이 세 가지의 양식 중 하나에 속합니다. 왜냐하면 이 세 가지의 양식이 가장 합리적이며 보편적이라고 여겨지기 때문입니다. 따라서 만약 신의 존재를 받아들이려고 한다면, 우리는 먼저 이 세 가지의 양식 중에서 과연 어떤 것이 직관적으로 합당한지를 결정해야 할 것입니다.

2002년 월드컵의 열기가 전국을 뒤덮던 여름, 치열한 축구 경기를 보다가 돌연 친구로부터 신의 존재에 대한 새로운 관점을 듣게 되었습니다. 그 친구는 제게 이렇게 질문했습니다. "혹시 신이 세상을 창조하고 난 후에, 세상이 스스로 유지되도록 그냥 내버려 두는 것은 아닐까?" 저는 이 말을 듣는 순간 깜짝 놀라며 속으로 '그럴 수도 있겠구나!'라고 감탄했습니다.

당시에 우리는 가난한 대학생이었으며, 삶에 대해 회의적인 입장으로 가득했습니다. 어렸을 때부터 교회를 다닌 터라 신의 존재가 느껴지는 것 같기도 했지만, 정말 신이 존재하는 것이 확실한지에 대해서는 아리송하기만 했던 때였습니다.

어쩌면 제게는 신의 존재를 인정하는 것과 세상에서의 고단한 삶을 연결시키는 것이 모순적이라는 생각이 있었는지도 모르겠습니다. 그래서 차라리 세상을 창조한 신이 세상과는 아무런 관련이 없는 편이 더 낫겠다고 여겼는지도 모르겠습니다.

이렇게 신이 세상에 어떠한 관여도 하지 않는다는 관점을 '이신론'이라고 합니다. 이신론이란, 17-18세기 유럽의 계몽주의 시대에 나타난 합리적인 종교관으로서, 신의 존재와 진리의 근거를 인간 이성이 인식할 수 있는 자연적인 것으로부터 추론하는 이론입니다. 이에 따르면 신은 세계를 창조하였지만 세상 일에 관여하지는 않고, 계시나 기적으로 자기를 나타내는 인격적 존재도 아닙니다.

그런데 이신론이 매력적인 이유가 있습니다. 그것은 신의 존재를 부정하지 않으면서도 신의 간섭은 피해갈 수 있다는 점입니다. 즉,

신은 단지 창조의 행위만으로 그 역할을 다했고 그것으로 충분하다는 것입니다. 이신론은 신이 창조 이후 일절 세상에 관여하지 않으며, 창조 이후의 세상은 자연 그 자체로 주체적이 된다고 여깁니다. 이러한 점에서 이신론은 일면 자연주의와도 밀접한 연관이 있다고 볼 수 있습니다.[28]

정말 신은 세상에 아무런 관여를 하지 않는 걸까요? 엄밀하게 따졌을 때, 사람의 이성으로는 신의 존재 양식에 대한 진위 여부를 확정할 수 없습니다. 단지 직관적인 통찰로 그것을 파악해 볼 수 있을 뿐입니다. 그런데 이신론이 직관적으로 타당하지 않게 느껴지는 이유가 있습니다. 그것은 '신이 세상을 창조하였다면, 왜 그 존재가 세상에 대하여 아무런 관여를 하지 않는가?'라는 의문에 있습니다. 이에 대한 대답은 그저 창조만 하고 관여하지 않는 것이 '신의 뜻'이라는 답변밖에는 도출될 여지가 없습니다.

만약 관여하지 않는 것이 신의 뜻이라면, 이로부터 두 가지의 질문이 파생됩니다. 첫째는 '세상에서 일어나는 불합리함에 대해서 신은 회피할 뿐인가?'라는 질문입니다. 둘째는 '아무런 관여도 하지 않는 신이 과연 사람에게 어떤 의미가 있는가?'라는 질문입니다.

첫 번째 질문에서 도출될 수 있는 답은 '회피하는 것이 맞다'일 것입니다. 그리고 두 번째 질문에서 도출될 수 있는 답은 '큰 의미가 없다'일 것입니다. 이 같은 답변밖에는 도출될 여지가 없기 때문입

28　제임스 사이어, 『기독교 세계관과 현대사상』, 83.

니다. 만약 이러한 사고에 이르게 된다면 과연 이신론의 신은 의미와 가치를 지닌 존재인지에 대해 의구심을 가지게 됩니다.

이신론은 자연주의와 생김새가 유사하다고 볼 수 있습니다.[29] 왜냐하면 이신론의 신이 세상에 어떤 관여도 하지 않는다는 것은 자연 그 자체로의 상태와 아무런 차이가 없습니다. 이신론과 자연주의는 단지 창조자로서의 신의 유무만을 다르게 여길 뿐 그것을 제외한다면 하등의 차이가 없는 것입니다. 그렇기에 자연주의에서 존재의 절대적 의미를 발견할 수 없는 것처럼, 이신론에서도 존재의 절대적 의미를 발견하기는 어렵습니다. 이러한 점은 신의 존재 의미에 대해서도 마찬가지입니다.

또 신이 세상에 아무런 관여를 하지 않는다면, 그 존재는 사람에게 너무나 무가치할 뿐입니다. 왜냐하면 신과 사람 사이의 어떤 접촉점도 없기 때문입니다. 누군가는 신의 창조 행위 자체가 가치 있다고 할지 모르겠지만, 창조 이후에 어떤 접촉점도 없는 신의 존재가 과연 사람에게 어떤 가치가 있는지 의구심이 생길 뿐입니다. 사람에게 아무런 가치 없는 신의 존재는 그저 바다 깊은 곳에 잠겨 있는 돌덩이에 불과할 뿐입니다. 이런 점이 직관적으로 이신론의 신의 존재가 의미나 가치를 갖지 못하는 이유입니다.

---

29 제임스 사이어는, 이신론은 견고하게 유지될 수 있는 세계관이 아니라고 말합니다. 이신론은 역사적으로 17세기 말에서 18세기 전반까지 짧은 기간에 프랑스와 영국의 학문 세계에서만 영향력을 행사했을 뿐이고 그것은 곧바로 자연주의로 넘어갔다고 주장합니다. 그 이유는 윤리의 면에서, 인식론의 면에서, 인간 본성의 면에서 그 한계가 드러났기 때문입니다.

이러한 이신론과 철저한 대조를 이루는 또 하나의 신 존재 양식이 있습니다. 그것은 '범신론'입니다. 범신론은, 일체의 자연이 곧 신이며 신은 곧 일체의 자연이라고 생각하는 종교관입니다. 범신론이 이신론과 대조되는 이유는 이신론의 신이 세상에 아무런 관여를 하지 않는 반면, 범신론의 신은 세상과 너무나 밀접한 관련을 맺고 있기 때문입니다.

범신론은 가장 단순한 형태로 토테미즘(totemism)에서 그 예를 찾아볼 수 있습니다. 예를 들어 태양을 신으로 숭배한다든가, 소를 신으로 숭배한다든가, 바다를 신으로 숭배하는 행위가 바로 그것입니다.

그런데 이렇게 자연 속에 있는 어떤 대상을 숭배하는 토테미즘보다 범신론은 그 성격이 더 넓습니다. 범신론은 특정한 동식물, 또는 자연물뿐만 아니라 자연 그 자체를 신이라고 여기기 때문입니다. 이에 따르면 신은 세상에 내재해 있고, 모든 자연 만물은 신의 정신이나 영혼을 가지고 있습니다. 그렇기에 자연 안에 있는 어떤 존재라도 신이 될 수 있습니다. 심지어 돌, 물, 나무, 사람 등의 어떤 존재이든 그 존재를 신이라고 해도 이상하지 않는 것이 바로 범신론입니다.[30]

범신론은 우리가 너무나도 쉽게 받아들일 수 있는 세계관입니다. 우리는 자연이라는 말을 너무나 자연스럽게 쓰고 있으며, 그 자연을 신이라고 부르는 것에 그리 큰 반감이 갖지 않기 때문입니다. 사람

---

30 여기에서 저는 범신론과 범재신론을 큰 맥락 안에서 하나로 보고, 의미상의 구별을 두지 않았습니다.

에게 자연은 너무나 친숙합니다.

그런데 우리는 범신론이 직관적으로 타당한지를 검토하기 위해 '자연'이라는 말을 좀 더 깊이 연구해야 합니다. 자연이란 무엇일까요? 사전적으로 자연은 사람의 힘이 더해지지 아니하고 세상에 스스로 존재하거나 우주에 저절로 이루어지는 모든 존재나 상태를 의미합니다. 그런데 이러한 자연의 정의에서 우리는 그것의 실체가 정확하게 무엇인지 확정할 수 없습니다.

자연은 그저 하나의 범주에 불과합니다. 만약 '모든 것이 자연이다'라고 한다면, 이는 범신론에서 '모든 것이 신이다'라는 말과 같은데, 그것은 신과 자연계를 나누는 기준을 제거해 버립니다. 결국 모든 것이 신이고, 모든 것이 자연이라는 말입니다.

신과 자연계를 나누는 기준이 없다는 것은 모든 개별적인 존재가 신이라는 말이고, 이에 따르면 사람도 신이고, 동물도 신이고, 식물도 신이고, 무생물도 신이 됩니다. 우리는 그것들의 존재적 차이를 알고 있음에도 불구하고, 그 모든 것을 신이라는 범주 속에서 동일하게끔 받아들여야 하는 결과가 초래됩니다.

그렇다면 우리가 물과 공기, 동물과 식물을 먹고 마시고 사용하는 모든 자연 속에 살아가는 일체의 행위는 신을 파괴하는 것이 됩니다. 범신론을 정직한 의미로 받아들인다면, 길을 걸을 때 풀을 밟는 행위나 돌멩이를 강물 속에 던지는 행위 등도 일체 용납되지 않습니다. 그러나 우리의 삶은 그런 방식으로는 도무지 유지될 수는 없다는 것을 잘 알고 있습니다.

또 다른 점도 생각해 볼 수 있습니다. 만약 신이 존재하는데 그 신이 만물을 신으로 창조한 것이라면, 가장 처음에 존재했던 최초의 신이 가지는 의미는 무엇일까요? 우리는 범신론에서 최초의 신이 가지는 의미를 찾기는 어렵습니다. 왜냐하면 범신론에 따르면 최초의 신이 가지는 의미와 자연 만물이 신으로 여겨지는 의미는 동일 선상에 있기 때문입니다. 그렇다면 신은 실상 존재적 구별이나 차이가 없는 존재가 되어 버립니다. 이는 신의 창조는 곧 자연에서 일어나는 일상적인 일일 뿐 그 이상의 초월적 의미는 사라져 버리는 것입니다.

범신론에 따르면 사람도 신이라고 할 수 있습니다. 과연 사람은 신일까요? 도무지 저는 제 자신을 바라볼 때 스스로를 신이라고 느낄 만한 구석을 발견할 수가 없습니다. 저는 제 자신의 나약함, 연약함, 부족함, 불완전함 등을 수시로 느끼며 살고 있습니다. 이러한 모습은 제가 아무리 발버둥을 쳐봐야 신이 될 수 없다는 사실을 직관적으로 알게 합니다. 이와 같은 의구심을 어떻게 해결해야 할까요? 세상은 존재적 구별이 없다는 점에서 저는 범신론의 신의 존재가 사람에게 어떠한 의미를 가져다주는지 파악하기 어려울 뿐입니다.

만약 이신론의 신과 범신론의 신이 모두 직관적으로 받아들이기 어렵다고 한다면, 신은 이 세상과 어떤 관련을 가지면서 존재하는 것일까요? 이에 대해서는 또 다른 신 존재 양식을 살펴봐야 할 것입니다.

이신론과 범신론에 이어서 확인해 보고자 하는 세 번째 신 존재

양식은 '유신론'입니다. 유신론이란, 신이 세계를 초월하여 실재하는 유일한 인격신이라고 하는 전통적인 기독교 사상을 말합니다. 이에 따르면 유신론은 신의 존재가 하나이고, 그 신은 세상을 초월하여 존재하며, 세상과 인격적으로 소통하는 특징을 지니고 있습니다.

유신론은 이신론에서 신이 세상에 관여하지 않는다고 하는 점을 받아들이지 않고, 범신론에서 신이 자연과 같다고 하는 점도 받아들이지 않습니다. 오히려 신은 세상에 인격적으로 관여하지만, 세상 그 자체는 아니고 철저하게 세상과는 분리된 존재입니다.

우리는 직관적으로 생각해 볼 때, 유신론이 이신론과 범신론을 합쳐 놓은 이론과 같다는 느낌을 받기도 합니다. 왜냐하면 이신론과 범신론은 성격상 대조적인 부분이 있는데, 유신론은 그 대조를 완화시키기 위하여 고안된 느낌이 들기 때문입니다. 하지만 역사적으로 볼 때, 유신론이 이신론과 범신론을 합친 것이라고 여길 수 없으며, 유신론은 이신론과 범신론과는 전혀 다른 독특한 차이점이 있습니다.

유신론이 가지는 독특성은 초월하면서 내재하는 신 존재 양식에 있지만 그보다 더 강조되어야 하는 부분이 있습니다. 그것은 유신론의 신이 '인격적'이라는 것입니다. 여기에서 인격이라는 말은 사람이 가지는 정신적, 심리적, 도덕적 특성을 말합니다. 사람과 사람이 소통할 수 있는 것은 모든 사람이 인격적이기 때문에 가능합니다. 동일하게 만약 신이 인격적이라고 한다면 그 신은 사람과 소통할 수 있습니다.

유신론의 신은 사람과 소통하는 신입니다. 신은 사람을 초월하여 존재하지만, 사람을 창조하고, 사람과 인격적으로 소통합니다. 이러한 인격적인 신의 존재가 유신론의 가장 특별한 점이라고 볼 수 있습니다.

그런데 신이 사람과 소통한다는 것은 어쩌면 사람이 유신론의 신을 고안해 냈기에 가능한 것은 아닐까요? 사람이 신을 만나고 싶은 열망이 너무나 커서 '인격적 존재로서 신'을 생각해 낸 것이지 않을까요?

만약 사람이 자신과 소통하는 존재로서 인격적 신을 고안해 낸 것이라고 한다면 신은 항상 사람과 직접적인 소통을 할 수 있는 존재가 되어야 할 것입니다. 왜냐하면 그것이 고안된 목적이기 때문입니다. 하지만 유신론의 신은 매번 사람과 규칙적으로 직접적인 소통을 하지 않습니다. 오히려 신은 주체적인 자신의 뜻대로 사람과의 소통을 만들어 갑니다. 소통의 주도권이 사람에게 있지 않고 신에게 있는 것입니다.

사람이 신을 고안해 낸 것이라고 한다면, 왜 이렇게 자기 마음대로 소통하는 신을 고안한 것일까요? 이는 주도적인 성격을 가진 유신론의 신이 사람보다 먼저 존재한 것임을 반증한다고 볼 수 있습니다.

그렇다면 이와 같은 유신론의 신은 구체적으로 어떤 특징을 가지고 있을까요? 앞으로는 유신론의 신이 가지고 있는 특징을 성경을 토대로 알아보도록 하겠습니다.

09. 신의 창조에 관하여

태초에 하나님이 천지를 창조하시니라 _창세기 1:1

세상의 시작을 이렇게 간명하면서도 깊이 있게 보여 줄 수 있는 문장이 또 있을까요? 성경의 첫 문장인 창세기 1장 1절은 유신론의 신이 창조자임을 보여 줍니다. 우리는 이 문장을 통하여 세상이 시작된 배경과 세상을 창조한 존재가 신이라는 사실을 접하게 됩니다.

그런데 신이 세상을 창조한 이유는 무엇일까요? 그 이유에 대해서는 이미 살펴보았습니다. 두 가지의 이유가 있습니다. 첫째는 세상이 너무나 좋았기 때문이고, 둘째는 신이 신의 형상으로 창조된 사람과 소통하기 위함이었습니. 이 근거가 되는 성경 구절은 아래와 같습니다.

하나님이 지으신 그 모든 것을 보시니 보시기에 심히 좋았더라 _창세기 1:31

하나님이 자기 형상 곧 하나님의 형상대로 사람을 창조하시되 남자와 신은 세상을 창조하고 무엇이 그리 좋았던 것일까요? '좋았더라'는 말은 대상을 아름답게 여기는 마음이라고 볼 수 있습니다. 그런데 아름다움을 느끼는 것은 상대적입니다. 내가 생각하는 아름다움과 당신이 생각하는 아름다움이 다를 수 있습니다. 과거의 아름다움이 현재의 아름다움과 다를 수 있고, 현재의 아름다움이 미래의 아름다움과 다를 수 있습니다.

그렇다면 신이 '좋았더라'고 여긴 이 아름다움은 사람이 파악할 수 없는 것일까요? 물론 그 모든 의미를 알 수 있는 것은 아닙니다. 하지만 우리는 이 아름다움을 공감할 수는 있습니다. 저는 그 공감의 형태가 미학과 예술로서 느껴지는 것이라고 생각합니다.

이 말인즉, 신의 존재는 세상에 아름다움이라는 의미를 부여하였고, 그로 말미암아 사람은 아름다움을 경험하고 느낄 수 있게 되었다는 이야기입니다. 따라서 사람은 음악을 들을 때나 새 소리를 들을 때, 명화를 볼 때 아름다움을 느낄 수 있습니다. 만약 신이 존재하고, 신이 새겨 놓은 의미가 사람에게도 들어 있다면, 우리는 그 의미를 분명하게 깨달아 알 수 있어야 합니다.

소리(Sound)는 중립적이지만, 우리는 누군가의 감정을 좋게 만드는 소리를 알고 느낍니다. 또한 누군가를 불쾌하게 만드는 소리도 있습니다. 어떤 소리는 고유 진동수로 인하여 물체를 파괴하기도 합니다. 소리는 그 자체로 어떤 의미를 가지고 있지는 않지만, 사람에게

만큼은 분명한 의미가 될 수 있다고 여겨집니다.

시각적인 것도 마찬가지입니다. 우리는 어떤 괴상한 사물이나 형태를 볼 때 소름을 느끼곤 합니다. 어두컴컴한 공간이나, 피가 범벅된 상황, 높은 곳에서 세상을 내려다보는 상황 등은 공포나 전율과 같은 느낌을 선사합니다. 시각적인 것도 그 자체만을 생각했을 때는 어떤 의미를 가지고 있지는 않지만, 사람에게만큼은 분명한 의미가 될 수 있다고 여겨집니다.

신의 창조는 이 부분에 있어서 중요한 의미를 가집니다. 사람은 신의 존재로 인하여 세상에서 신이 새겨 놓은 존재의 절대적인 의미를 발견할 수 있습니다. 그리고 그 의미를 깨달아 알 수 있습니다. 사람은 신이 새겨 놓은 의미로 인하여 순수 예술과 미학의 가치를 발견할 수 있습니다

그런데 왜 신은 사람만을 신의 형상으로 창조하였고, 사람과만 특별한 소통을 하려고 한 것일까요? 이 부분에서 우리는 신의 창조가 존재의 차이를 발생시켰음을 깨닫게 됩니다. 존재의 차이는 우리가 순수하게 자연 만물에서 자각할 수 있는 것입니다. 돌덩이는 나무와 다르고, 나무는 고양이와 다르고, 고양이는 사람과 다릅니다. 물론 사람도 신과는 다릅니다. 신의 형상은 신과 사람이 동일하다는 뜻이 아니기 때문입니다.

신은 사람에게 신과 소통할 수 있는 최상의 특권을 부여해 주었습니다. 저는 이것을 '사랑'이라고 부르고 싶습니다. 사랑은 존재의 차이를 발생시킵니다. 이 존재의 차이는 차별이 아닙니다. 내가 사랑

하는 아내는 분명하게 다른 여자와 존재적 차이가 있습니다. 아내는 제게 고유한 존재입니다. 그것이 사랑입니다.

신은 사람을 사랑했습니다. 사람과 소통하길 원했습니다. 그래서 신은 사람을 신의 형상으로 창조하였고 서로 사랑의 관계가 되기를 원했습니다. 그런데 어떤 사람은 왜 신이 피조물 간의 존재의 차이를 발생시켰냐고 반문합니다. 이 말은, 사랑이 차고 넘치는 남편이라면 존재적 차이를 고려하지 않고 모든 여자를 사랑해야 하지 않느냐는 말과 동일합니다. 만약 신이 존재의 차이를 발생시키지 않았다면, 그 사랑은 단지 기계적인 행위일 뿐이지 않겠습니까? 우리는 기계적인 행위에 '특별하다'라는 의미를 덧붙일 수 없습니다. 이로써 존재의 차이는 신의 특별한 사랑을 나타내는 하나의 방식이라고 이해할 수 있습니다.

신의 창조 행위는 특별한 존재로서의 사람에게는 놀라운 일입니다. 왜냐하면 신은 사람에게 특별한 의미를 부여해 주었고, 신과 소통할 수 있도록 해 주었기 때문입니다. 그 관계는 사랑으로 이루어져 있으며, 신은 존재의 차이를 통하여 자신의 사랑을 유감없이 사람에게 드러내 주었기 때문입니다.

이 얼마나 놀라운 은총입니까! 유신론에서 찾을 수 있는 가장 놀라운 사건은 바로 신이 사람에게 특별한 은총을 허락했다는 것입니다. 그리고 그 특별한 은총으로 사람은 고귀한 삶의 아름다움을 경험하는 존재가 되었다는 것입니다.

어떤 사람은 자연 속에서 신의 숨결을 느낍니다. 나뭇가지에 살랑

거리는 바람을 바라보며, 나뭇잎 사이로 쏟아져 들어오는 햇빛을 바라보며, 헤아릴 수 없는 수평선 끝자락에 펼쳐진 하늘을 바라보며, 사람은 신의 숨결이 자연에 들어 있다고 느끼곤 합니다.

이에 대해 범신론은 신의 숨결이 아니라, 자연이 신의 존재 그 자체라고 말합니다. 그리고 그것을 바라보는 사람도 신의 존재 중의 일부라고 이야기합니다. 물론 이것도 사람의 느낌에 비추어 보았을 때는 좋은 발상입니다. 하지만 너무나 아름다운 광경 속에서 사람이라는 존재가 얼마나 초라한지를 깨닫게 된다면, 더 나아가 그런 초라한 사람의 존재가 신의 존재와 동일하지 않다는 것을 깨닫게 된다면, 사람이 신과 같은 존재라고 생각하는 것은 크나큰 교만이거나, 신의 존재를 너무 초라하게 만드는 일에 불과하다는 것을 직관적으로 알 수 있습니다.

만약 신의 숨결이 숨어 있는 자연의 위대함과 한 시대를 살다가 죽게 되는 사람의 나약함을 총체적으로 관망할 수 있다면, 그 사람은 유신론에서 말하는 신의 특별한 은총을 발견하게 될 것입니다. 그 사람은 신이 얼마나 나약하고 초라한 사람을 사랑하셨는지를 깨달을 수 있을 것입니다. 그리고 그러한 사랑을 은총으로 선물해 주신 신에게 감사의 경의를 올려 드릴 수 있을 것입니다.

그럼에도 불구하고 한 가지 떨치지 못하는 근심 어린 질문이 있습니다. 그것은 '신이 창조한 아름다운 세상에 왜 악한 일들이 발생하는 것인가?'라는 질문입니다. 어느덧 이 질문에까지 이르게 된다면, 우리는 세상의 모든 악한 일들의 책임을 신에게 따져 묻고 싶어집니다. 왜냐하면 분명 세상의 악한 일들은 창조의 아름다움과 완전하게 반대되는 개념이기 때문입니다.

어쩌면 이에 대한 분명하고도 직관적인 대답이 이루어지지 않기에 누군가는 무신론자로, 누군가는 불가지론자로 삶을 살아가고 있는지 모르겠습니다. 정말 그렇습니다. 이 질문은 그렇게 인생 전체를 걸 정도로 난해하고도 알기 어려운 문제입니다.

하지만 이에 대해서 여전히 우리에게 남는 것은 선택뿐입니다. 왜냐하면 무신론자나 불가지론자 유신론자는 모두 이 질문 앞에서 동일한 난관에 봉착하기 때문입니다. 아래의 두 관점을 통해 알아보겠습니다.

1. 신이 세상을 아름답게 창조했다면, 세상에 악은 없어야 한다. 하지만 세상에 악이 있는 것으로 보아 신은 존재하지 않는다.
2. 신이 세상을 아름답게 창조했지만, 세상에 악은 있다. 그 이유는 신이 세상에 악이 생겨날 수 있는 가능성을 열어 두었기 때문이다.

첫 번째 관점은 무신론자들이 적극적으로 옹호하는 관점입니다. 세상에 악이 있다는 사실이 신의 존재는 없거나, 있어도 그 신은 악한 신에 불과할 것이라는 이야기입니다. 하지만 엄밀하게 생각해 본다면, 악이 있다는 사실이 신이 없다는 사실을 증명하는 것은 아닙니다. 다만 신의 아름다운 창조가 악한 세상과는 대립되고, 이러한 대립을 해소할 수 없다는 주장입니다.

그런데 반대로 이러한 대립이 해소될 수 있다면 어떨까요? 두 번째 관점은 신의 아름다운 창조 속에는 악이 생겨날 가능성도 있다고 이야기합니다. 이에 따르면 신은 악을 창조한 것은 아니지만, 악이 태동할 여지를 남겨 놓았다고 봅니다. 그렇다면 신은 선함과 악함을 모두 가지고 있는 모순된 존재일까요?

그렇지 않습니다. 여기에서 말하는 '악이 생겨날 수 있는 가능성'이란 '자유'와 '선택'으로 이해될 수 있습니다. 만약 사람이 기계적이지 않고 자유롭게 살려고 한다면 그 사람은 자유로운 선택을 할 수 있어야 합니다. 이 부분에서 선택은 이중적입니다. 선을 선택할 수 있으려면 악도 선택할 수 있어야 한다는 의미입니다.

예를 들어 어떤 사람이 굶어 죽어 가는 어린아이를 만났다고 해 봅시다. 이 사람은 아이를 도울 수 있습니다. 하지만 돕는다는 것은 선택일 뿐, 돕지 않을 선택도 가능해야 합니다. 그래야만 기계적인 존재가 아니라 자유로운 사람이 되는 것입니다. 하지만 자연법과 도덕의 기준으로 볼 때, 돕는 것은 선하고 돕지 않는 것은 악합니다.

만약 악이 없다면 사람의 선한 선택은 단지 기계적인 일이 될 뿐이고, 사람에게 자유와 선택은 그저 허공에 떠다니는 메아리에 불과하게 될 것입니다. C. S. 루이스는 이렇게 말합니다.

피조물들이 자유 의지를 잘못 사용할 때마다 매번 하나님이 개입해서 바로잡아 주는 세상을 그려 볼 수도 있겠지요. 나무 막대기를 무기로 쓰려고 집어 드는 순간 풀잎처럼 부드러워지고, 거짓말이나 욕을 담은 음파를 일으키려 하는 순간 공기가 그것을 거부하는 세상 말입니다. 그러나 잘못이라는 것을 저지를 수 없는 그런 세상에서 의지를 자유롭게 행사한다는 것은 그야말로 빈말이 될 것입니다. 아니, 이 원리는 논리적인 결말을 따라가 보면 악한 생각을 한다는 것 자체가 아예 불가능하다는 사실을 알게 됩니다. 우리가 악한 생각을 하려고 할 때마다 대뇌 물질이 그런 일에 사용되기를 바랄 테니까요. … 불변하는 법칙과 인과적 필연성에 따른 결과 및 전체 자연 질서는 일상의 삶을 제한하는 한계인 동시에 그러한 삶을 가능케 해 주는 유일한 조건이기도 합니다. 따라서 자연 질서 및 자유 의지와 맞물려 있는 고통을 배제한다는 것은 삶 그 자체를 배제하는 것과 같습니다.[31]

만약 신이 사람에게 선택하는 권리를 주었다면, 그 선택은 선뿐만 아니라, 악도 선택할 수 있어야 합니다. 그렇기에 신은 최초의 사람에게 독특한 나무의 열매를 주신 것입니다. 성경은 이렇게 기록하고 있습니다.

여호와 하나님이 그 땅에서 보기에 아름답고 먹기에 좋은 나무가 나게 하시니 동산 가운데에는 생명 나무와 선악을 알게 하는 나무도 있더라

_창세기 2:9

---

31 C. S. 루이스, 『고통의 문제』(서울: 홍성사, 2020), 49–50.

'선악을 알게 하는 나무'는 사람에게 악을 선택할 수 있는 길을 열었습니다. 신은 사람이 신의 명령에 불복할 수 있는 가능성을 열어 둔 것입니다. 왜냐하면 그것이 사람에게 주어진 '자유'와 '선택'이기 때문이었습니다.

많은 사람들이 알고 있는 성경 이야기에 따르면, 첫 사람 아담은 하나님의 명령에 불복하여 악을 선택하였고, 이로 인해 이 세상에 죄악이 들어와 가득해졌습니다. 마치 처음 거짓말이 어렵지만, 두세 번은 처음보다는 훨씬 쉬운 것과 같은 상황이 된 것입니다. 그리고 악은 사람에게 뿐만 아니라, 자연 만물에게도 발현되기 시작했습니다.

이러한 성경 이야기가 정말 사실일까요? 신이 악이 생겨날 수 있는 가능성을 열어 두신 걸까요? 아니면 악이 있다는 사실은 신이 없다는 것을 반증하는 것일까요?

신과 창조와 악에 관한 이해는 사람의 선택에 달려 있습니다. 그런데 중요한 사실이 있습니다. 유신론의 신은 악이 생겨날 수 있는 가능성을 열어 두었지만, 그 악을 해결할 열쇠도 마련해 놓으셨습니다. 그 열쇠는 바로 '예수 그리스도의 십자가'[32]입니다.

---

32   예수 그리스도의 십자가에 대해서는 2장 마지막 부분인 13항 '신의 사랑에 관하여'와 14항 '신의 구원에 관하여'에서 다루고 있습니다.

10. 스스로 있는 신에 관하여

하나님이 모세에게 이르시되 나는 스스로 있는 자이니라 _출애굽기 3:14

두 번째로 유신론의 신이 가지고 있는 '스스로 있는 자'로서의 특징에 대해 알아보겠습니다. 이 이야기와 관련이 있는 모세 이야기에서 시작하겠습니다.

이집트에서 노예로 살아가던 히브리인 중에 요게벳이라는 여인은 아주 사랑스러운 남자아이를 출산합니다. 하지만 그녀의 사랑이 채 꽃피기도 전에 이 가엾은 여인은 사랑하는 아들을 갈대 상자에 넣어 나일강에 띄워 보내야만 했습니다. 왜냐하면 당시에 이집트 왕 파라오가 히브리인은 남자아이를 낳을 수 없도록 법령을 공포했기 때문이었습니다.

하지만 신이 가르쳐 준 놀라운 역설은 '약할 때 비로소 강하게 된다'는 것이 아니었던가요? 놀랍게도 갈대 상자에 몸을 실은 아기는 파라오의 딸에게 발견되었고, 이집트의 왕실에서 자라게 되는 호사를 누리게 되었습니다. 그 아기의 이름은 모세였으니, 이는 '물에서

건짐 받은 자'라는 뜻이었습니다.[33]

모세는 이집트의 왕자로서 자랍니다. 그런데 그는 이집트에서 노예로 살아가는 히브리 동족의 모습을 보며 안타까워했습니다. 하루는 이집트인에게 괴롭힘당하는 히브리인을 보고, 자신의 감정을 주체하지 못한 채 그만 이집트인을 살해합니다.[34]

이 일이 이집트 전역으로 퍼지게 되었고, 그날로 모세는 이집트를 떠나 미디안 땅으로 도망을 가는 도망자의 신세가 되었습니다. 미디안 땅에서 여러 해를 지내며 양 떼를 치는 일로 생계를 이어 가던 모세는 어느 날 신기한 경험을 하게 됩니다.

모세는 양을 치며 이동하는 중에 호렙 산에서 불에 붙은 나무가 타지 않는 모습을 보았습니다. 너무나 신기해서 나무의 불꽃을 자세히 보려고 다가갔더니, 놀랍게도 신기한 소리가 모세의 귓가에 울려 퍼졌습니다.

> 네가 선 곳은 거룩한 땅이니 네 발에서 신을 벗으라 … 나는 스스로 있는 자이니라 _출애굽기 3:5-14

모세는 신기한 소리가 곧 신의 음성이라는 것을 알게 됩니다. 그

---

33 "그 아기가 자라매 바로의 딸에게로 데려가니 그가 그의 아들이 되니라 그가 그의 이름을 모세라 하여 이르되 이는 내가 그를 물에서 건져냈음이라 하였더라"(출애굽기 2:10)

34 "모세가 장성한 후에 한번은 자기 형제들에게 나가서 그들이 고되게 노동하는 것을 보더니 어떤 애굽 사람이 한 히브리 사람 곧 자기 형제를 치는 것을 본지라 좌우를 살펴 사람이 없음을 보고 그 애굽 사람을 쳐죽여 모래 속에 감추니라"(출애굽기 2:11-12)

는 그 음성과 이야기를 나누는 가운데 신의 존재가 '스스로 있는 자'라는 사실을 깨닫게 됩니다. 이러한 신의 존재에 대한 선포는 모세에게 너무나도 놀라운 것이었습니다.

그렇다면 모세가 나무의 불꽃 속에서 듣게 되었던 '스스로 있는 자'란 어떤 의미일까요? 우리는 이 표현을 통하여, 신은 존재 그 자체이고, 존재의 근원을 자기 자신에게 두었으며, 유일한 존재로서, 존재의 소멸을 경험하지 않는 분임을 알게 됩니다.

만약 우리가 이러한 신의 존재적 특성을 명확하게 이해할 수 있다면, 우리는 신의 존재가 모든 것을 가능하게 하는 출발점이 된다는 사실을 인정할 수 있습니다. 왜냐하면 존재의 출발점이 되려면, 그 존재는 반드시 자기 스스로의 원인으로 존재해야 하기 때문입니다. 이러한 예를 쉽사리 발견할 수는 없습니다만, 우리는 직관적으로 '유'라는 개념을 상상해 봄으로써 이에 관하여 이해할 수 있습니다.

그렇다면 어떻게 '유'를 직관적으로 상상해야 할까요? 지금 여러분 주위에 존재하는 것들을 둘러보면서 '있다'는 사실을 직관적으로 상상해 보시기 바랍니다. 그렇게 하면 깨닫게 되는 중요한 사실이 있습니다. '유'의 존재가 필연적임을 알게 됩니다. 즉, '유'의 존재는 부정할 수 없는 사실이라는 것입니다.

거기에서 한 걸음 더 나아가 봅시다. '유'의 존재가 필연적인 이유에 대해 생각해 보는 것입니다. 그러면 '유'의 존재는 스스로의 원인으로 존재하는 특성을 반드시 필요로 하게 됩니다. 왜냐하면 스스로 존재하는 원인자가 아니고서는 '유'의 존재를 필연적으로 끄집어낼 수 없기 때문입니다.

이러한 직관적 흐름에 따라 우리는 '유'의 존재가 필연적임을 알 수 있습니다. 분명 우리는 '스스로 있는 자'라는 최초의 존재를 필연적으로 떠올릴 수 있게 됩니다. 그렇다면 '스스로 있는 자'라는 존재는 어디에서 발견할 수 있습니까? 우리는 '스스로 있는 자'라는 존재에 대한 명확한 신적 기록을 성경에서 발견하게 됩니다. 즉, 성경에서 말하는 '스스로 있는 자'라는 진술이 존재의 시작을 가장 정확하게 서술한 것입니다.

어떤 사람은 모세 이야기를 신화로 여길 것입니다. 또 어떤 사람은 모세 이야기를 사람이 만들어 낸 창작물이라고 여길 것입니다. 물론 모세 이야기가 사실이냐, 아니냐 하는 문제는 여전히 우리의 선택에 달려 있습니다. 하지만 이를 선택하기에 앞서, 우리는 모세 이야기를 조금 더 면밀히 살펴봐야만 합니다.

모세 이야기에 따르면 신은 '나무의 불꽃'으로 나타났습니다. 모세가 이 나무를 보고 놀란 것은 나무가 불에 붙었으면 타서 재가 되어야 하는데, 그렇지 않았다는 사실에 있었습니다. 왜 신은 이러한 신비로운 현상을 보여 주신 것일까요?

불꽃 속의 나무가 타지 않는 모습은 '죽음의 개념이 상실된 상태'를 의미한다고 해석됩니다. '스스로 있는 자'라는 개념이 시작과 끝이 없는 상태라고 한다면, 그 존재는 당연히 죽음이 없어야 할 것입니다. '생명의 시작'뿐만 아니라, '존재의 소멸'도 없어야 합니다. 아무리 생각해 봐도 죽음의 개념이 상실된 나무의 불꽃은 '스스로 있는 자'와 정확하게 맞아떨어진다고 볼 수 있습니다.

또한 이 존재는 모세에게 "네 발에서 신을 벗으라"고 요청합니다. 저는 이 구절을 이렇게 이해합니다. '신발'은 우리가 나아가고자 하는 방향성을 의미하는데, 신의 존재는 우리의 방향성이 그분의 존재 안에서 이미 작용하고 있기 때문에 신은 모세에게 이런 요청을 하였던 것입니다.

신이 '스스로 있는 자'로서 존재하고 그 신의 존재가 우리에게 신발을 벗도록 요청한다면, 이 같은 사실은 우리에게 어떤 의미가 있는 걸까요? 아래의 성경 구절을 통해 알아보겠습니다.

> 사람이 마음으로 자기의 길을 계획할지라도 그의 걸음을 인도하시는
> 이는 여호와시니라 _잠언 16:9

이 문장은 '스스로 있는 자'로서의 신의 존재가 사람에게 전해 주는 인생의 의미를 발견하게 합니다. 그 의미는 신이 이루어 내는 '완성'입니다. 신은 사람에게 인생을 '계획할 수 있는 자유'를 주셨지만, 그 자유는 '인도하시는 존재의 근원'이신 신의 간섭과 유지하심으로 인해 완성된다는 사실을 깨닫게 합니다. 이 일은 놀랍고도 신비적인 일입니다.

나무의 불꽃 앞에서 신발을 벗은 모세도 마찬가지였습니다. 그는 신의 간섭과 유지하심으로 인해 위대한 출애굽을 이룰 수 있게 되었습니다. 이집트에서 노예로 살던 히브리인들을 해방시키는 일을 하

게 된 것입니다. '존재의 근원'이신 '신의 인도하심'으로 말미암아서 말입니다.

이러한 사람의 계획과 인도하시는 신의 존재는 양립할 수 없는 모순처럼 여겨지기도 합니다. 신의 인도하심이 사람의 자유로운 선택을 방해하는 것만 같이 느껴지기 때문입니다. 하지만 성경은 사람의 자유로운 선택과 신의 인도하심은 양립한다고 이야기합니다.

이에 대해서 우리는 '스스로 있는 자'라는 신의 존재는 시간과 공간을 초월한다는 점을 이해해야 합니다. 과거, 현재, 미래라는 시간이라는 연속성에 속하여 존재하는 사람과는 달리, 신은 모든 순간이 현재이며, 지금이고, 모든 공간에서 존재합니다. 이에 따르면 신은 모든 사람의 모든 계획을 알면서도 그의 걸음을 인도할 수 있는 '시간과 공간을 넘어서 스스로 있는 자'가 됩니다. 이러한 신의 존재에 관한 직관은 신의 인도하심 속에 사람의 자유로운 선택을 가능하게 합니다.

'스스로 있는 자'로서의 신은 사람의 삶을 완성에 이르게 합니다. 그것이 히브리인들을 해방시키는 일을 감당한 모세가 보여 준 스스로 있는 자로서의 신, 즉 유신론의 신의 모습인 것입니다. 이 부분에서 우리의 선택은 두 갈래 길에 접어들게 됩니다.

1. 사람은 스스로 삶의 완성을 이룰 수 있다.
2. 사람은 신의 존재로 인해 삶의 완성을 이룰 수 있다.

첫 번째 주장은 사람의 계획과 노력과 공로와 행위로 삶의 완성을 이루려는 특성을 정확하게 보여 줍니다. 여기에는 신의 경지에 이르려는 수많은 종교뿐만 아니라, 무신론과 자연주의도 포함됩니다. 이 모든 사상의 공통점은 하나입니다. 유신론을 제외한 모든 종교의 주장은 사람이 스스로 삶의 완성을 이룰 수 있다는 것입니다.

하지만 유신론은 사람이 스스로 삶을 완성할 수 없다고 말합니다. 또한 사람이 완성한 것은 결국 죽음의 문턱을 넘어설 수 없기에 그것은 의미가 없다고 말합니다. 세상은 '스스로 있는 자' 밖에서 존재할 수 없으며, 이에 따르면 신은 세상을 창조하기만 하고 관여하지 않는 이신론이나, 모든 만물을 신이라고 보는 범신론을 뛰어넘습니다.

유신론의 신은 '창조자'로서 세상을 만들고, '스스로 있는 자'로서 온 세상을 유지하는 존재입니다. 아울러 사람들이 죽음을 뛰어넘어 삶의 완성에 이르도록 하시는 존재이기도 합니다. 마치 모세를 통해 히브리인들을 노예에서 해방시키신 것처럼 말입니다. 유신론을 받아들이는 사람은 모세 이야기가 하나님의 구원이라는 역사적 큰 그림을 미리 보여 주신 사건이라고 받아들입니다.

이러한 유신론의 신은 사람들이 신의 존재를 의지하도록 합니다. 그 존재는 우리가 인생의 완성을 이루도록 합니다. 사람의 계획, 노력, 공로, 행위의 불완전함에 대해서 생각해 보시기 바랍니다. 이 모든 것은 결국 허무함을 만들어 낼 뿐입니다. 모든 사람은 결국 '죽음'을 직면합니다. 죽음은 사람이 해결할 수 있는 문제가 아닙니다. 우리는 그 사실을 경험적으로 알고 있습니다.

저는 이렇게 묻고 싶습니다. "죽음을 직면하고 있는 사람의 존재가 어찌 '스스로 있는 자'를 의지하지 않을 수 있겠습니까?"라고 말입니다. 저는 죽음의 두려움을 키우려는 것이 아닙니다. 다만 죽음이라는 한계 속에 있는 사람이 어떤 존재론적인 완성을 이루어 낼 수 있는가를 되짚어 보려는 것입니다.

이에 대해 숙고해 보시기 바랍니다. 만약 여러분이 신을 의지하기로 결정한다면, 그분은 여러분을 가장 좋은 길로 인도하실 것입니다.

11. 신의 전능에 관하여

주 하나님이 이르시되 나는 알파와 오메가라 이제도 있고 전에도 있었
고 장차 올 자요 전능한 자라 하시더라 _요한계시록 1:8

　전능이라는 말은 사전적으로 모든 일을 다 행할 수 있는 능력을
말합니다. 그렇다면 전능한 자로서 신은 모든 것을 다 할 수 있는 존
재일까요? 결론부터 말씀드리자면 그렇지 않습니다. 신은 모든 것
을 다 할 수 있는 존재가 아닙니다. 엄밀하게 말하자면, 신은 모든
것을 다 할 수 있는 존재가 아니라, 모든 것을 자신의 뜻대로 이룰
수 있는 존재입니다. 유신론은 이것을 전능이라고 이해합니다.

　모든 것을 할 수 있는 능력, 심지어 악한 일도 행할 수 있는 능력
을 전능이라고 한다면, 그 전능 속에는 '완전한 선'이 이루어질 수
없습니다. 가령 신이 완전하게 선하다면, 신은 거짓말을 할 수 없습
니다. 그러나 이 두 개념(전능과 선)을 엄밀히 파악했을 때, 못하는 것
이 있기에 전능하지 않다는 의미로 받아들여질 수는 없습니다. 왜냐
하면 완전한 선으로 존재하는 신의 존재가 전능한 존재보다 상위 개
념이기 때문입니다.

신의 전능을 완전한 선의 범주 안에서 생각한다면 신은 못하는 일이 있습니다. 신은 이신론의 신처럼 존재할 수 없고, 범신론의 신처럼 존재할 수도 없습니다. 신은 악한 뜻을 따를 수도 없습니다. 신에게 완전한 속성이 있다면, 그 속성에 반대되는 불완전함에 대해서 신은 그것을 취할 수 없는 것입니다.

하지만 이러한 신의 존재가 전능하지 않다고 말하는 것은 합당하지 않습니다. 왜냐하면 신은 자신이 뜻하는 모든 일을 이룰 수 있기 때문입니다. 신은 자신의 존재적 속성에 따라 모든 뜻을 이룰 수 있습니다. 그 능력은 한계가 없습니다. 따라서 우리는 모든 일을 다 행할 수 있는 능력보다 자신의 뜻을 모두 이루어 낼 수 있는 능력을 전능이라고 이해합니다.

유신론의 신은 전능하기 때문에 모든 역사를 자신이 뜻대로 이루어 갈 수 있습니다. 이에 따르면 역사의 흐름은 신의 뜻대로 진행됩니다. 또한 신은 사람이 보기에 기적적인 일들을 행할 수 있습니다. 자연적인 일들을 넘어서는 초자연적인 일들을 일으키실 수 있습니다. 물론 그 모든 일은 신의 뜻이라는 범위 안에서 이루어지는 것입니다.

신의 뜻이라면 사람은 초자연적인 일을 경험할 수 있습니다. 신은 자신의 초자연적 전능을 사람에게 보여 주실 수 있고, 그 일을 통하여 사람들이 신의 전능을 깨닫도록 할 수 있습니다. 홍해가 갈라지는 기적의 주인공인 모세, 하늘로 날아올라 간 엘리야, 물 위를 걸을 수 있었던 베드로 등 성경에는 신의 전능을 체험한 많은 사람들이 등장합니다.

그런데 이러한 점에 있어서 우리는 신의 초자연적 전능이 과연 실재하는 것인지 의문을 가지게 됩니다. 또한 신의 존재가 자신의 능력을 사람에게 나타내 줄 수 있다고 한다면, 왜 그 능력이 선택적으로 일어나는 것인지도 의문이 생길 수 있습니다.

어떤 사람은 신의 초자연적 전능을 믿고, 또 어떤 사람은 신의 초자연적 전능을 믿지 못합니다. 하지만 믿든지 믿지 못하든지 간에, 우리 모두는 신의 초자연적 전능을 경험한 사람을 만나기도 하고, 그들의 이야기를 종종 듣곤 합니다. 과연 신의 초자연적 전능을 경험했다는 이야기는 모두 거짓말일까요? 아니면 그들은 자연 속에서 일어난 일을 신의 초자연적 전능이라고 착각하는 걸까요?

이에 대해 우리는 신의 초자연적 전능을 증언할 수 있는 수많은 체험자가 있다는 사실을 알아야 합니다. 그 모든 사람이 전부 거짓말을 하거나, 착각을 할 수는 없습니다. 거짓말을 했다거나 착각을 일으켰다고 하기에는 증언자의 수는 너무 많습니다. 어떤 사람은 죽을병에 걸렸다가 기적적으로 살아난 체험을 말하기도 합니다. 신에게 간구했더니 날씨가 순식간에 바뀌는 경험을 말하기도 합니다. 꿈에 나타난 일이 현실에 그대로 일어나는 체험을 말하기도 합니다.

이런 모든 체험이 신의 초자연적 전능을 논리적으로 확증하는 것은 아닙니다. 그러나 분명한 사실은 지금도 수많은 사람들이 초자연적인 일을 경험하고 있고, 그 일이 신의 초자연적 전능이라고 믿어 의심치 않는다는 것입니다. 과연 그들의 체험을 무시할 수 있을까요? 물론 이것도 엄연히 개인의 선택에 따라 달라지는 것이겠지만, 분명 우리는 수많은 사람들의 이야기를 통해 신의 초자연적 전능을 듣고, 또 듣고 있습니다. C. S. 루이스는 이러한 신의 초자연적 전능, 즉 '기적'에 대해서 다음과 같이 말합니다.

만약 자연법칙이 필연적 진리라면, 어떠한 기적도 그것을 깨뜨릴 수 없습니다. 그러나 사실, 기적은 자연법칙을 깨뜨릴 필요가 없습니다. 산수의 법칙도 그렇고 다른 법칙도 마찬가지입니다. 만일 월요일에 제가 서랍에 6페니를 넣고 화요일에 6페니를 더 넣었다면, 산수의 법칙에 따르면 -다른 것들이 동일하다면- 수요일에 저는 거기서 12페니를 발견하게 될 것입니다. 그러나 만약 그 서랍이 도둑을 맞았다면, 저는 어쩌면 2페니만 발견할 수도 있을 것입니다. 이는 무언가(그 서랍의 자물쇠나 영국 법)가 깨진 것입니다. 그러나 산수의 법칙이 깨진 것은 아닙니다. 도둑 때문에 생긴 새로운 상황은 본래의 상황과 마찬가지로 산수의 법칙을 따른 것입니다. 하나님이 기적을 행하시는 것은 말하자면 그분이 '밤중에 도둑처럼' 오시는 것입니다. 과학자의 관점에서 기적은 일종의 조작, 간섭, (말하자면) 도둑질입니다. 기적은 과학자가 고려하지 않았던 어떤 새로운 요소, 즉 초자연적 힘을 그 상황 속에 도입합니다. … 이렇게 법칙의 필연적 진리는 기적의 발생을 불가능하게 만들기는커녕, 초자연이 작용한다면 기적은 일어날 수밖에 없다는 것을 확실하게 만들어 줍니다. 왜냐하면 만일 자연적이기만 한 상황과, 무언가 다른 것이 첨가된 자연적 상황이 동일한 결과를 낳는다면, 이

는 우리의 우주가 무법적이고 비체계적이라는 말이기 때문입니다.[35]

그런데 이러한 신의 초자연적 전능은 왜 선택적으로 일어나는 것일까요? 이에 대해 우리는 신과 자연법칙, 혹은 신과 초자연법칙간의 관계를 알아야 합니다. 신이 만약 자신의 전능을 나타내려고 한다면, 그 전능은 대부분 자연법칙 속에서 이루어질 것입니다. 물론예외가 있을 수도 있습니다. 만약 초자연적인 일이 신의 뜻이라면말입니다.

하지만 그러한 예외는 신에게 있어서 아주 특별한 경우에 한정됩니다. 마치 우리가 1년 중에 하루, 생일을 특별한 날로 생각하는 것처럼 말입니다. 우리는 1년 365일을 매번 똑같이 살지는 않습니다. 또한 매일을 생일처럼 특별한 날로 지내지도 않습니다. 마찬가지로신은 자신의 주체적인 의지대로 초자연적인 일을 일으키지만, 그것은 특별한 신의 뜻이 있을 때뿐입니다. 보통 신은 자신의 능력을 자연법칙을 위반하는 경로로 드러내지는 않습니다.

따라서 신이 초자연적인 기적을 선택적으로 행하였다면, 그것은신의 특별한 뜻이 있을 것이라고 이해할 수 있습니다. 우리는 신의뜻에 관한 모든 진의를 알 수는 없지만, 신은 주체적으로 자신의 선하신 뜻을 이루어 간다는 사실을 알 수는 있습니다. 이처럼 유신론의 신이 자신의 뜻대로 모든 일을 이루어 간다는 말은 성경에서 '통

---

35 C. S. 루이스, 『기적』, 112–113.

치'라는 단어로 확인할 수 있습니다. 이와 관련한 성경 구절은 다음과 같습니다.

> 주 우리 하나님 곧 전능하신 이가 통치하시도다 _요한계시록 19:6

신의 통치란, 신이 자신의 뜻대로 모든 일을 이끄는 행위를 말합니다. 이는 우리가 서두에 살펴본 신의 전능과 동일한 의미입니다. 신은 자신의 모든 일을 스스로의 뜻대로 완성합니다. 신은 통치함으로 세상에 관여하고 있습니다. 이신론의 경우처럼 세상은 신의 존재 바깥에 있지 않습니다. 그렇다고 범신론의 경우처럼 신의 존재가 세상과 동일한 것도 아닙니다. 신의 통치는 이신론과 범신론의 양극단을 해소합니다.

신의 통치를 절정으로 드러내는 단어가 있습니다. 그것은 바로 '만왕의 왕'이라는 표현입니다. 유신론의 신은 자신이 세상의 모든 것을 다스리는 왕으로서 존재함을 선포합니다. 아니, 세상의 모든 왕과는 비교할 수 없을 정도로 가장 뛰어난 만왕의 왕이라고 선언합니다. 이와 관련한 성경 구절은 다음과 같습니다.

> 하나님은 복되시고 유일하신 주권자이시며 만왕이 왕이시며 만주의
> 주시요 오직 그에게만 죽지 아니함이 있고 가까이 가지 못할 빛에 거
> 하시고 어떤 사람도 보지 못하였고 또 볼 수 없는 이시니 그에게 존귀
> 와 영원한 권능을 돌릴지어다 _디모데전서 6:15-16

만약 사람이 신의 전능과 통치를 인정한다면, 그리고 그분이 만왕의 왕으로 세상에 존재하시는 것을 인식한다면, 그러한 신에게는 경의를 표하는 것이 마땅할 것입니다. '존귀와 영원한 권능을 돌릴지어다'라는 말은 신의 존재에 대한 사람의 합당한 표현이라고 볼 수 있습니다.

이렇듯 유신론의 신은 사람에게 찬양과 존경과 감사를 받습니다. 그리고 사람이 찬양과 존경과 감사를 표현하는 것은 신을 향한 합당한 행위라고 말합니다. 이것을 유신론자는 경배라고 합니다. 경배란, 신을 높이는 일체의 행위를 의미한다고 볼 수 있습니다.

그런데 신이 없다고 여기는 사람들은 신을 향한 경배를 치욕적으로 생각합니다. 사람은 스스로 주체적인 삶을 살아야 하는데, 사람이 스스로의 힘을 의지할 생각은 하지 않고, 증명되지도 않는 존재에게 경배하는 모습은 미신적이며 비합리적이라는 것입니다.

과연 전능한 존재인 신에게 경배하는 행위는 미신적이며 비합리적인 것일까요? 사람은 스스로의 힘으로 모든 일을 자기 뜻대로 하는 것이 옳고, 그렇게 살아갈 수 있는 존재일까요? 이에 대해서 우리는 다음과 같은 두 가지의 선택 사항을 생각해 볼 수 있습니다.

1. 사람은 세상의 중심이며, 사람이 신에게 경배하는 것은 미신적이고 비합리적인 일이다.
2. 신은 세상의 중심이며, 사람이 신에게 경배하는 것은 당연하고 합당한 일이다.

이 두 가지의 선택지는 사람이 지니고 있는 세계관의 문제라고 볼 수 있습니다. 그 세계관의 기반은 세상의 중심을 '나'라는 존재로 둘 것인가, 아니면 '신'이라는 존재로 둘 것인가 하는 차이에서 발생합니다.

사람은 누구나 '나'라는 존재가 세상의 중심이라고 생각합니다. 우리의 의식과 자유로운 행동이 이를 증명한다고 여깁니다. 물론 이러한 생각은 합당하다고 여겨질 수 있습니다. 다만 신이 존재하지 않는다는 전제하에서만 말입니다.

이신론은 신이 존재하는데 여전히 세상의 중심을 '나'라고 생각하게 합니다. 하지만 이것은 이치상 맞지 않는 부분이 있습니다. 왜냐하면 그러한 신의 존재는 자신의 뜻을 이루려고 하는 전능이 없을 뿐더러 신적 완전성이 결여되기 때문입니다. 신이 세상의 중심이 아니라고 한다면, 그 신은 사람에게 세상의 중심을 내어 주고 그 존재의 완전함을 불완전함으로 바꾸어 버렸다는 느낌을 배제할 수 없습니다.

반면 범신론은 신에 대한 경배가 많이 행해집니다. 하지만 범신론의 신은 세상 그 자체일 뿐 세상의 중심이 아닙니다. 그리고 존재의 차이가 없는 상태이기에 그저 모든 자연에게 경배한다는 것은 바람직하지 않게 여겨집니다. 경배는 경배를 받기에 합당한 존재에게 드려야 하는 것이기 때문입니다.

만약 사람이 세상의 중심이고 신이 없다고 생각한다면 한편으로는 너무 좋을는지 모르지만, 그것은 사람의 존재적 한계를 그저 받아들이라는 말과 동일합니다. 신의 존재에 대한 가치와 의미는 사람의 불완전함에서 찾을 수 있습니다. 그리고 사람은 죽음을 이길 수 없는 존재라는 점에서도 그렇습니다.

이와 같은 점들을 고찰해 보았을 때, 유신론에서 말하는 전능한 자가 신이라면 우리는 그 존재에게 합당한 경배를 드릴 수 있습니다. 왜냐하면 신의 존재 자체에서 전능한 위엄이 드러나기 때문이고, 신이 사람의 모든 한계를 극복할 수 있도록 하기 때문입니다.

그러나 우리는 매 순간 전능한 자인 신에게 나아가는 것을 방해하는 커다란 장벽을 마주하게 됩니다. 그것은 바로 '나'라는 존재입니다.

12. 신의 거룩함에 관하여

여호와께서 모세에게 말씀하여 이르시되 너는 이스라엘 자손의 온 회
중에게 말하여 이르라 너희는 거룩하라 이는 나 여호와 너희 하나님이
거룩함이니라 _레위기 19:1-2

유신론의 신은 거룩한 존재입니다. 여기에서 거룩하다는 말은 어
떤 의미일까요? 거룩함은 신학적으로 세 가지의 의미를 가지고 있
습니다. 첫째는 구별됨이고, 둘째는 정결함이고, 셋째는 선함입니
다. 구별됨은 신과 세상 사이의 관계성을 말하고, 정결함은 신이 가
진 존재성을 말하며, 선함은 신의 내면에 있는 도덕성을 말합니다.
　첫째로 구별됨이란, 신과 다른 모든 만물과의 관계적 구별을 말하
는 것입니다. 신은 세상과 구별된 존재입니다. 그런데 이러한 구별
은 이신론이 말하는 신과 세상의 철저한 분리를 말하는 것은 아닙니
다. 유신론의 신은 세상과 구별되지만, 세상에 관여합니다. 신은 세
상에 관여하고 있으면서도, 존재 자체가 세상과 구별된 상태로 있습
니다. 이 구별은 양자 간의 분명한 차이를 만들어 냅니다. 유신론의
신이 세상과 구별된 이유는, 세상은 죄와 악으로 인해 불완전한 상

태이지만 신은 완전한 존재이기 때문입니다.

거룩함의 두 번째 의미인 정결함은 존재 자체가 깨끗하고 흠이 없는 상태를 말합니다. 이러한 존재적 특징은 신의 완전함이라고 볼 수 있습니다. 유신론의 신은 더러움이나 추함이 없습니다. 성경에 의하면 신은 '회전하는 그림자'도 없습니다.[36] 신은 완전한 존재로서의 상태를 유지합니다. 따라서 유신론의 신은 그분 자체로 완전함의 기준이 됩니다. 세상의 모든 완전함은 신을 모방하고 있는 것입니다.

마지막으로 거룩함의 세 번째 의미는 선함입니다. 선함이란, 도덕적으로 불의가 없는 상태를 말합니다. 이 선함은 존재의 내면적 기준입니다. 유신론의 신은 선함으로 가득한 존재이며, 심지어 선함 그 자체라고도 할 수 있습니다. 신이 선하다고 하는 말은 죄와 악이 전혀 없는 상태입니다. 유신론의 신은 죄와 악이 전혀 침투하지 않고 섞일 수도 없는 선함 그 자체로서 존재합니다.

이 같은 거룩함을 지닌 신이 모든 사람에게 요청하는 것이 있습니다. 그것은 "거룩하라"는 명령입니다. 이 요청은 신이 가지고 있는 관계적, 존재적, 도덕적 특징을 사람도 닮아야 한다는 것을 의미합니다. 놀랍게도 신은 사람에게 자신의 완전한 존재적 성품을 공유하길 원하는 것입니다. 유신론의 신은 사람이 완전하게 거룩해지기를 진정 바라고 있습니다.

---

36 "그는 변함도 없으시고 회전하는 그림자도 없으시니라"(야고보서 1:17)

그런데 왜 유신론의 신은 완전하지 못한 사람에게 완전한 상태인 거룩함을 요청하는 걸까요? 그것은 거룩함이 사람에게 '진정한 삶의 가치'가 되기 때문입니다. 사람은 누구나 완전함에 이르기를 원합니다. 그것을 소망하고 바랍니다. 사람의 내면에는 거룩함에 대한 갈망이 있습니다. 왜 그럴까요? 그 이유는 사람의 내면에 거룩함을 진정한 삶의 가치로 여기는 본성이 있기 때문입니다.

신의 거룩함은 사람에게 완전함의 기준이 됩니다. 신은 관계적, 존재적, 도덕적 완전함이 신의 거룩함 속에 있음을 알게 합니다. 그리고 그 완전함의 기준이 사람에게 부여되었으며, 그 기준에 따르는 삶이야말로 진정한 가치가 있음을 알려 줍니다.

하지만 사람은 이러한 완전함이라는 기준을 받아들이기를 싫어합니다. 그 기준이 너무나 높고, 그 기준대로 살기가 참 어렵기 때문입니다. 세상의 불완전함과의 구별을 추구하면서도 구별되기는 어렵습니다. 더러움이나 추함이 없는 정결한 상태를 좋아하면서도 정결함을 완전하게 추구하기는 어렵습니다. 도덕의 가치를 인정하면서도 도덕적인 삶을 사는 것은 너무나 어렵습니다. 이러한 사람의 상태를 성경은 다음과 같이 말합니다.

내가 원하는 바 선은 행하지 아니하고 도리어 원하지 아니하는 바 악을 행하는도다 만일 내가 원하지 아니하는 그것을 하면 이를 행하는 자는 내가 아니요 내 속에 거하는 죄니라 그러므로 내가 한 법을 깨달았노니 곧 선을 행하기 원하는 나에게 악이 함께 있는 것이로다 ⋯ 오

호라 나는 곤고한 사람이로다 이 사망의 몸에서 누가 나를 건져내랴 _

로마서 7:19-24

사람은 자신의 외면과 내면에 들어와 있는 죄와 악을 이겨 내기 힘들어 합니다. 자신도 모르게 자신의 내면에서 피어오르는 악한 마음이 외면으로 드러나곤 합니다. 사람은 자신의 주장을 합리화하고, 진실을 회피하고, 거짓된 행동을 상상합니다. 그 마음이 잘못된 것인 줄 알면서도 여전히 우리는 그 삶의 테두리를 벗어나지 못하곤 합니다. 이러한 상태를 해결할 수는 없는 걸까요?

이신론과 범신론, 자연주의는 이러한 상태의 해결 방안을 '사람'에게서 찾습니다. 왜냐하면 그러한 세계관 속에서 의지할 수 있는 존재는 오직 '사람'밖에 없기 때문입니다. 하지만 유신론은 이러한 상태의 해결 방안을 '사람'이 아닌 '신'에게서 찾습니다. 이것은 유신론의 독특함이자 다른 세계관과의 차이입니다.

과연 '사람'이라는 존재가 스스로 거룩함을 만들어 낼 수 있을까요? 사람이 스스로 관계적, 존재적, 도덕적 완전함을 이룰 수 있을까요? 여기에 중요한 선택이 발생합니다. 그것은 사람이 스스로의 능력으로 거룩함을 이룰 수 있는지, 아니면 신의 도움으로 이룰 수 있는지에 대한 선택입니다.

1. 사람은 스스로의 능력으로 거룩함을 이룰 수 있다.
2. 사람은 신의 능력으로 거룩함을 이룰 수 있다.

현대의 문명과 사상은 사람이 완전해질 수 있다는 믿음으로 달려가고 있습니다. 그래서 사람의 자유로운 선택이 상당히 중요해지고 있습니다. 하지만 사람이 만들어 내는 완전함이 과연 관계적, 존재적, 도덕적으로 완전함을 추구하는지 의문입니다. 왜냐하면 현대의 기술, 문명은 완전함을 추구하기보다는, 그것을 제거하는 것처럼 보이기 때문입니다.

일례로 현대의 도덕 기준은 '상대주의'를 벗어나지 못하고 있습니다. 도덕 기준은 상대적이며 누구나 어떤 생각이든 옳다고 여기는 것입니다. 이로 인해 현대의 도덕 기준은 간음과 성적 자유 사이에서 씨름하고 있습니다. 내가 하는 모든 행동은 스스로의 자유로운 선택하에서 정당화될 수 있습니다. 하지만 만약 사람이 가지는 모든 개개인의 기준이 상대적으로 옳다면, 사람은 어떠한 절대적인 선함을 추구해야 하는지 알 수 없게 됩니다. 그리고 그러한 삶의 태도는 완전한 거룩함을 만들어 낼 수 없습니다.

어떤 이들은 자신의 삶에서 스스로의 힘으로 완전한 선에 도달하려고 합니다. 그래서 이 소망을 실현하기 위해 세상을 벗어나 산 속에 들어갑니다. 그곳에서 자신의 힘으로 완전한 선함을 이루기 위해 수행을 합니다. 수행은 좋은 것입니다. 하지만 과연 사람이 자신의 힘과 노력으로 완전한 거룩함에 이를 수 있는지는 의문입니다.

대부분의 사람은 자신의 도덕적인 한계가 무엇인지를 압니다. 그렇기에 거룩함이란 너무나 멀고 먼 상태임을 느낍니다. 사람은 속세를 벗어나도 완전하게 속세와 구별될 수 없고, 아무리 제 몸을 씻

어도 완전하게 깨끗해질 수 없으며, 아무리 도덕을 연마해도 완전한 도덕성을 가질 수 없습니다. 거룩함을 위한 어떤 방법도 결국 자신을 넘어설 수 없다는 것을 직관적으로 깨닫고 느낍니다.

사람은 완전하지 못합니다. 그리고 사람의 인생은 너무나 짧습니다. 그래서 상대주의 문화와 개인의 수행은 거룩함을 추구할 수는 있지만 그것을 완성하기에는 역부족일 뿐입니다. 하지만 유신론의 신은 거룩함에 대한 요청과 함께 그것을 이루어갈 수 있는 방편을 사람에게 마련해 주었습니다. 어떻게 이 일이 가능한 걸까요? '예수 그리스도'에게 해답이 있습니다.

예수 그리스도는 역사적으로 수많은 사람들에게 삶의 모델이 되었습니다. 그는 거룩함을 완성하였고, 자신이 이룬 거룩함을 따르도록 하였습니다. 이 일은 단순히 사람의 노력으로 되는 일은 아니었습니다. 왜냐하면 사람은 도무지 자신의 능력으로 거룩함을 이룰 수 없기 때문입니다. 하지만 예수 그리스도는 그분의 능력을 우리에게 전달해 주셔서 우리가 거룩함을 얻을 수 있게 하셨습니다.

거룩함에 관한 모든 일은 신의 계획 안에 있었습니다. 유신론의 신은 사람을 거룩한 존재로 만들기 위해 예수 그리스도를 이 땅에 보냈습니다. 그리고 사람들이 예수 그리스도를 믿고 그를 닮아가도록 하였습니다. 성경은 다음과 같이 말합니다.

> 이 뜻을 따라 예수 그리스도의 몸을 단번에 드리심으로 말미암아 우리
> 가 거룩함을 얻었노라 _히브리서 10:10

이신론, 범신론, 자연주의의 세계관은 거룩함의 기준을 사람의 능력에 달린 것으로 생각합니다. 그리고 그들은 거룩함을 이루는 방식이 상대적이라고 여깁니다. 그런데 이 부분에서 우리가 생각해야 할 의문점이 있습니다. 그것은 '개인의 능력이나 상대주의로 완전한 의미로서의 거룩함을 이룰 수 있는가?'하는 점입니다.

사람의 능력이 아무리 뛰어나다고 해도, 그 능력이 추구하는 바가 옳지 않다면 어떻게 될까요? 또한 사람의 능력으로 이루어 내는 완전함의 실체는 무엇일까요? 상대적 가치와 의미는 결국 사람이 이루어 낸 거룩함을 와해시킬 것입니다. 왜냐하면 거룩함도 다만 하나의 선택 사항 중 하나에 불과할 것이기 때문입니다.

하지만 유신론은 거룩함의 기준이 절대적이라고 여깁니다. 왜냐하면 그 기준은 신이 제시한 것이고, 완전한 것이기 때문입니다. 아울러 유신론의 신은 거룩함을 요청하면서, 그 일이 사람의 능력에 달린 것이 아니라 신의 능력으로 이루어지는 것이라고 이야기합니다.

유신론의 신이 자신의 능력으로 사람의 거룩함을 완성하는 것을 성화라고 부릅니다. '성화'라는 말은 다분히 종교적 용어입니다. 하지만 이 말은 모든 사람에게 너무나 중요합니다. 왜냐하면 모든 사람은 어떤 방식이 되었든지 간에 성화, 즉 거룩한 변화를 추구하고 있기 때문입니다.

우리는 이 세상에 잘못된 부분들이 너무나 많으며, 성화가 필요하다는 사실을 알고 있습니다. 어떻게 살아야 하는가에 대한 절대적 기준이 필요하다는 사실도 알고 있습니다. 그렇기 때문에 사람들은 세상이 바뀌기를 바랍니다. 세상이 더 깨끗해지기를 바라며, 더 선해지기를 바랍니다. 세상이 더 좋아지기를 바랍니다.

만약 세상에 신의 거룩함이 없다면 어떨까요? 세상에 사는 그 누구도 거룩한 변화를 추구하지 않는다면 세상은 어떤 모습이 될까요? 거룩함이 없는 세상은 아무런 의미가 없습니다. 관계적, 존재적, 도덕적 완전함이 없고 모든 기준이 와해된 세상을 상상해 보십시오. 사람은 누구나 직관적으로 그러한 세상에서 살아갈 수 없다는 사실에 공감할 것입니다.

13. 신의 사랑에 관하여

사랑하지 아니하는 자는 하나님을 알지 못하나니 이는 하나님은 사랑

이심이라 _요한일서 4:8

유신론의 신은 자신의 존재를 사랑으로 이야기합니다. 신의 존재

가 지닌 본질이 사랑이라는 것입니다. 신은 세상을 사랑하기에 세상

에 관여하고 있으며 세상이 사랑으로 채워지기를 원하고 있습니다.

그러나 죄와 악으로 인하여 사랑의 모습이 변질되었습니다. 세상에

서의 사랑은 완전함을 잃어버리게 되었습니다.

C. S. 루이스는 사람들이 경험하는 사랑의 종류를 네 가지로 구분

하여 설명합니다. 그가 구분한 네 가지의 사랑은 '애정', '우정', '에

로스', '자비'입니다. 이러한 구분은 사랑의 종류와 사랑하는 대상의

차이를 드러내고 있습니다.

그런데 저는 세상에 나타나는 사랑의 종류를 다른 관점에서 구분

해 보겠습니다. 그것은 사랑의 강도에 따른 구분입니다. 이 구분에

의하면 사랑의 종류는 아래의 표와 같이 세 가지로 나누어 볼 수 있

습니다.

친구는 사랑이 끊어지지 아니하고 형제는 위급한 때를 위하여 났느니라 (잠 17:17)	둘째는 이것이니 네 이웃을 네 자신과 같이 사랑하라 하신 것이라 이보다 더 큰 계명이 없느니라 (막 12:31)	그가 우리를 위하여 목숨을 버리셨으니 우리가 이로써 사랑을 알고 우리도 형제들을 위하여 목숨을 버리는 것이 마땅하니라 (요일 3:16)
통상적이며 일반적으로 상대방을 사랑함	나를 사랑하는 것과 동일하게 상대방을 사랑함	내가 죽기까지 상대방을 사랑함

위의 표에서 사랑은 왼쪽에서 오른쪽으로 갈수록 점점 강도가 높아지고 있습니다. 그리고 왼쪽에서 오른쪽으로 갈수록 그 사랑은 완전함을 향해 나아갑니다. 왼쪽에 나타나는 사랑은 통상적이며 일반적으로 우리가 흔히 사랑이라고 이야기하고 표현하는 행동입니다. 가운데에 나타나는 사랑은 조금 더 완전함을 띄고 있습니다. 이 사랑은 통상적인 것을 넘어서 상대방을 나처럼 사랑하기 때문입니다. 그런데 오른쪽의 사랑은 완전함의 최종적 형태를 보여 줍니다. 그것은 자신이 죽음에 이른다고 하더라도 상대방을 사랑하는 모습입니다.

유신론의 신은 완전한 사랑의 모습을 오른쪽의 형태라고 이야기합니다. 그렇기에 신은 사랑을 위해 자기 목숨을 버립니다. 그 사랑으로 인해 사람들이 완전한 사랑이 무엇인지를 알게 합니다. 그리고 그 완전한 사랑을 본받도록 합니다.

사랑은 선택입니다. 사랑할 수 있고, 사랑하지 않을 수 있습니다. 사랑에는 의지적인 요소가 있습니다. 사랑은 자유 의지를 가진 존재가 어떤 대상을 향하여 자신의 의지를 내어놓는 행위입니다. 사람은 그러한 선택을 자유롭게 할 수 있는 존재입니다.

이렇게 신은 사람에게 사랑을 선택할 자유를 주었습니다. 그리고 사람들에게 자신의 자유를 사용하여 사랑을 선택하도록 했습니다. 따라서 사람은 스스로 자신의 사랑을 선택할 수 있습니다. 사람은 사랑의 종류, 형태, 질적 요소 등을 선택할 수 있습니다.

신은 사람이 자유롭게 선택하는 사랑이 완전해질 수 있도록 자신이 사랑하는 모습을 보여 주었습니다. 그리고 사람들이 신의 사랑을 닮아 가도록 하였습니다. 사랑은 서로를 닮아 가게 합니다. 사랑하는 사람은 상대방의 사랑에 반응합니다. 그리고 사랑의 좋은 점을 취하기도 하고, 사랑의 방식을 바꾸기도 합니다. 이렇게 사람은 사랑함으로써 서로의 사랑이 닮아 가고 있음을 경험하게 됩니다.

신은 이러한 사랑의 속성을 알고 있기에, 사람들이 신의 사랑을 닮아 가도록 했습니다. 그리고 그렇게 사랑하는 것이 진정한 가치와 의미를 발견하는 삶임을 깨닫도록 했습니다. 이로써 우리는 사랑을 통해 신이 선물한 삶의 진정한 가치와 의미를 발견하게 됩니다.

우리는 완전한 사랑의 표본이 희생적이라는 사실에 직감적으로 공감할 수 있습니다. 예를 들어, 자신의 목숨을 희생하여 누군가의 목숨을 살린 경찰, 소방관, 군인의 이야기에 감동합니다. 그리고 그들의 희생을 고귀한 것으로 추모합니다. 어느 노모가 죽기 직전에 평생 힘들게 모은 돈을 사회에 기부한다는, 유서를 남겼다는 이야기를 들을 때도 감동을 합니다. 이렇게 우리는 희생이 사랑을 아름답게 만든다는 사실을 알고 있습니다.

왜 사람은 희생이 동반된 사랑에 감동하는 것일까요? 자연주의는 희생을 단지 인류의 미래를 위한 유전자의 이기적인 선택이라고 여깁니다. 리처드 도킨스(Clinton Richard Dawkins) 교수는 말합니다.

> 인간의 알비노 유전자를 생각해 보자. 실제로 알비노를 일으키는 유전자는 여러 개가 있으나 여기서는 그중 하나에 대해서만 이야기하기로 한다. 이 유전자는 열성이다. 즉 어떤 사람이 알비노가 되려면 이 유전자가 두 개 존재해야만 한다. 약 2만 명 중 한 명 정도는 이렇게 알비노가 된다. 그러나 70명 중 한 명 정도는 이 유전자를 하나만 가지고 있는데, 이들은 알비노가 아니다. 알비노 유전자와 같은 유전자는 많은 개체에 퍼져 있기 때문에 이론상 자기가 머물고 있는 몸이 다른 알비노 개체의 몸에게 이타적으로 행동하도록 프로그램함으로써 유전자 풀 속에서 자기의 생존을 도울 수 있다. 알비노 개체는 자신의 몸에 들어 있는 유전자와 동일한 유전자를 갖고 있음이 분명하기 때문이다. 알비노 유전자가 들어 있는 몇 사람의 죽음으로 같은 유전자를 가진 다른 몸이 생존할 수 있다면 알비노 유전자로서는 매우 다행한 일일 것이다.[37]

만약 우리가 희생을 인류의 미래를 향한 유전자의 이기적인 선택이라고 한다면, 굳이 그 희생을 추모하거나 감동할 필요까지는 없

---

37 리차드 도킨스, 『이기적 유전자』 (서울: 을유문화사, 2020), 189-190.

을 것입니다. 하지만 우리는 모두가 희생을 동반한 사랑은 이기적이지 않다고 직감적으로 느끼고 공감합니다. 만약 죽는 순간, 그 일순간에 이기심이 깃들어 있다고 하더라도, 그 이기심이 행위의 전체를 설명할 수 있는 것은 아닙니다. 희생은 그렇게 단순하게 평가 절하할 성질의 행위가 아닙니다.

사랑은 억압이나 구속이 아닙니다. 사랑은 자유입니다. 그렇기에 죽음이라는 희생을 자유롭게 선택했다는 것은 그 자체로 위대함이 묻어납니다. 아무나 혹은 모든 사람이 다른 누군가를 위하여 쉽게 죽음이라는 희생을 선택하지는 않습니다.

신의 사랑은 이러한 희생의 완전함을 포함하고 있습니다. 신은 그 사랑을 역사적으로 보여 주었습니다. 바로 예수 그리스도[38]의 십자가 사건입니다.

예수 그리스도의 십자가 사건은 인류를 향한 희생이었습니다. 유신론의 신은 세상에 예수로 와서 십자가에 달려 죽고 삼일 만에 부활하였습니다. 신이 세상에   온 이유는 세상이 감당해야 할 죄악의 형벌을 대신 담당하기 위함이었습니다. 그리고 세상을 다시 회복하기 위함이었습니다.

사람이 친구를 위하여 자기 목숨을 버리면 이보다 더 큰 사랑이 없나니 너희는 내가 명하는 대로 행하면 곧 나의 친구라 _요한복음 15:13-14

---

38 '그리스도'란, '기름 부음을 받은 자'라는 뜻으로 구약 성경에 예언된 장차 올 '메시아'를 말합니다.

예수 그리스도는 십자가에서 죽기 전에 제자들에게 이 말을 전하였습니다. 예수 그리스도는 그분을 따르는 수많은 사람들을 위해 십자가의 모진 고통을 받아들였습니다. 로마 군병에 사로잡힌 그는 동물의 뼈가 붙은 채찍에 등짝이 찢겨져 나가고 혈관이 드러나는 극심한 고통을 당했습니다. 가시나무로 엮은 관을 머리에 써 관자놀이에서 피가 흘렀습니다. 손목과 발목에는 관절을 꿰뚫는 대못이 박혔고, 십자가 위에서 죽음의 시간을 기다리며 고통스럽게 목숨을 잃었습니다.

예수 그리스도는 죽었습니다. 철저하게 죽임을 당하였습니다. 하지만 예수 그리스도의 십자가는 죽음을 이겼습니다. 놀랍게도 예수 그리스도는 죽음이라는 사랑의 완전함을 드러낸 후에 전능한 자로서 다시 부활하게 되었습니다. 자신 스스로가 죽음을 극복함으로, 그를 따르는 수많은 사람들도 죽음을 극복하게 하는 부활의 첫 열매가 되었습니다.[39]

십자가는 신의 완전한 사랑을 드러내는 장면이었고, 부활은 신의 완전한 거룩함을 드러내는 장면이었습니다. 예수 그리스도는 십자가로서 신의 완전한 사랑을 알려 주었고, 부활로서 신의 완전한 거룩함을 알려 주었습니다.

이로써 신이 사람을 향해 가진 목적은 분명해졌습니다. 그것은 지고지순하면서도 위대한 사랑이었습니다. 목숨까지도 내놓는 사랑이

---

39 "그러나 이제 그리스도께서 죽은 자 가운데서 다시 살아나사 잠자는 자들의 첫 열매가 되셨도다"(고린도전서 15:20)

었습니다. 어떠한 희생이라고 감수하는 사랑이었습니다. 상대방을 살리기 위해 자신의 죽음도 받아들이는 사랑이었습니다.

그런데 놀랍게도 신의 사랑은 죽음으로 끝나지 않았습니다. 왜냐하면 신은 전능한 자이기 때문입니다. 신은 자신의 죽음으로 사랑을 보여 주었고, 전능으로 죽음을 극복하였습니다. 신은 자신의 완전한 거룩함을 나타내었고, 그 완전한 거룩함을 사람도 이룰 수 있도록 하였습니다. 신은 자신이 극복한 죽음을 사람도 극복할 수 있도록 하였습니다. 유신론자는 이렇게 신이 이루어 놓은 죽음을 극복하는 길을 구원이라고 부릅니다.

유신론의 신은 십자가와 부활로 구원을 완성합니다. 그리고 사람들이 그 구원을 받아들이도록 합니다. 이 모든 것은 자유로운 선택으로 주어진 것입니다. 이것이 선택인 이유는 진정한 사랑이 기계적으로 작동할 수 없는 이유이기 때문입니다. 신은 사람을 창조하였을 때, 이 모든 일을 자유 의지로 선택하도록 했습니다.

만약 여러분이 신이 완성해 놓은 구원을 받아들이고자 한다면, 그 방법은 아주 간단합니다. 그것은 신을 믿고 받아들이는 것입니다. 신은 여러분이 받아들이고자 하는 마음속에 찾아가길 원합니다. 그리고 신은 여러분을 만나길 원합니다. 왜냐하면 신은 여러분을 너무나 사랑하기 때문입니다.

볼지어다 내가 문 밖에 서서 두드리노니 누구든지 내 음성을 듣고 문을 열면 내가 그에게로 들어가 그와 더불어 먹고 그는 나와 더불어 먹

신은 사랑하는 자로서 지금 여러분 앞에 있습니다. 그분이 여러분 앞에 있는 이유는 신의 모든 속성을 여러분과 함께 나누기 위함입니다. 여러분이 죽음을 이기고, 삶의 진정한 가치와 의미를 발견하도록 하기 위함입니다. 만약 이에 대해서 더 알아 가기를 원한다면, 가장 먼저 해야 할 일이 있습니다. 그것은 신의 두드림에 반응하는 것입니다.

만약 여러분의 마음속에 신을 만나고 싶은 느낌이 생긴다면 주저하지 마시기를 바랍니다. 여러분의 마음속에서 느껴지는 그분의 두드림에 반응해 보기를 바랍니다. 그분은 친절하게 자신의 사랑을 여러분에게 전해 줄 것입니다. 그분은 여러분의 마음에 확실한 사랑의 증표를 새겨 줄 것입니다.

14. 신의 구원에 관하여

　피타고라스학파(Pythagoreans)는 뜻하지 않은 발견을 했습니다. 그들은 모든 수를 자연수와 분수로 나타낼 수 있다고 믿었습니다. 그런데 놀랍게도 자연수와 분수로 나타낼 수 없는 숫자가 나타난 것입니다. 이 숫자는 '무리수'였습니다. 양 변의 길이가 1센티미터인 직각삼각형은 가장 긴 변의 길이를 완전한 숫자의 형태로 나타낼 수 없습니다. 왜냐하면 이 변의 길이에 해당하는 숫자는 끝도 없이 이어지기 때문입니다. 1.41421356… 피타고라스학파는 이 무리수를 말할 수 없다는 뜻의 '알로곤'이라고 명명했습니다.

　알로곤, 즉 무리수는 참 놀랍습니다. 왜냐하면 분명 눈으로 확인할 수 있는 삼각형의 길이가 완전한 숫자로 표현되지 않기 때문입니다. 무한대로 뻗어 가는 숫자가 눈에 확연하게 인식되는 삼각형의 선분으로 나타난다는 것이 이치에 합당하지 않을 뿐더러, 논리적으로도 이해하기 어렵습니다. 하지만 수학을 배운 지성인들은 이러한 끝도 없이 이어지는 무리수가 존재한다는 사실을 믿고 받아들입니다.

　신이 사람이 된 사건도 이와 같다는 생각을 해 봅니다. 끝을 알 수 없는 숫자이지만 분명 현상적으로 파악할 수 있게 된 '무리수'처럼, 신도 끝을 알 수 없지만 사람으로 나타나 현상적으로 파악할 수 있게 된 것입니다. 이 놀라운 사건을 유신론자들은 '성육신'이라고 부릅니다.

어떤 사람은 성육신과 같은 이야기는 신화에 불과하다고 생각합니다. 그러나 C. S. 루이스는 신화에 대하여 이렇게 말합니다.

> 기독교가 신화에 불과하다면, 저는 제일 안 좋아하는 신화를 믿고 있는 셈입니다. 저는 그보다는 그리스 신화가 좋고, 아일랜드 신화가 더 좋으며, 북유럽 신화가 제일 좋습니다. … 그리스도인들은 상상의 즐거움과 지적 동의를 혼동하고 있다는 비난을 받지만, 그런 혼동은 그렇게 흔하거나 쉽게 나타나지 않습니다. 아이들조차도 그런 혼동을 잘 겪지 않으니까요. 아이들은 스스로 곰이나 말인 체하며 상상력을 한껏 즐기지만, 아직까지 저는 자신이 곰이나 말이라는 환각에 빠진 아이는 본 적이 없습니다.[40]

성육신을 받아들일 수 있다면 우리는 신의 존재에 대한 대부분의 사실들을 받아들일 수 있습니다. 왜냐하면 성육신이야말로 사람이 이성적으로 가장 납득하기 어려운 신의 모습이기 때문입니다. 이것은 이성을 초월한 일이며, 논리에서 벗어난 일입니다. 하지만 그럼

---

40 C. S. 루이스, 『영광의 무게』 (서울: 홍성사, 2020), 118-119.

에도 불구하고 유신론의 신은 성육신을 아주 중요한 역사적 사실로 이야기합니다. 그 일이 사람들이 신의 존재를 인정하는 데 걸림돌이 될지언정, 그 자체를 숨기지 않습니다. 오히려 성육신을 믿고 받아들이라고 요청합니다.

> 말씀이 육신이 되어 우리 가운데 거하시매 우리가 그의 영광을 보니 아버지의 독생자의 영광이요 은혜와 진리가 충만하더라 _요한복음 1:14

예수 그리스도는 신의 존재가 성육신한 역사적 실체입니다. 이 일이 진정 사실일까요? C. S. 루이스는 말합니다.

유대인 가운데 한 남자(예수 그리스도)가 갑자기 나타나 하나님으로 자처하며 다니기 시작했습니다. 그는 자신에게 사람들의 죄를 용서해 줄 권한이 있다고 주장했습니다. 그리고 자기가 전부터 항상 존재해 왔다고 했습니다. 또 마지막 날 다시 와서 세상을 심판하겠다고 했습니다. 그는 사람들에게 그들의 죄가 용서받았다고 선언했으며, 그들의 죄에 피해를 입은 이들의 의견을 구하지 않았습니다. 하나님이 아닌 이런 존재가 이런 말을 했다면, 역사에 등장했던 그 어떤 인물보다 우스꽝스럽고 자만에 찬 짓을 했다고 볼 수밖에 없습니다. 그런데 문제는 예수를 반대하는 사람들조차 복음서를 읽을 때 그에게서 우스꽝스럽거나 자만심에 차 있다는 인상을 받지 않는다는 것입니다. 제가 이런 말을 하는 것은 "나는 예수를 위대한 도덕적 스승으로는 기꺼이 받아들이지만, 자신이 하나님이라는 주장만큼은 받아들일 수 없다"는 어리석기 짝이 없는 말을 그 누구도 못 하게 하기 위해서입니다. 우리는 이런 말을 할 수 없습니다. 인간에 불과한 사람이 예수와 같은 주장을 했다면, 그는 결코 위대한 도덕적 스승이 될 수 없습니다. 그는 정신병자거나, 아니면 지옥의 악마일 것입니다. 이제 여러분은 선택을 해야 합니다.[41]

성육신은 사람의 이성을 뛰어넘는 이야기가 분명합니다. 하지만 예수 그리스도의 말과 행동을 통해 우리는 그가 정신병자거나 지옥의 악마가 아니라 위대한 도덕적 스승이며, 그의 주장대로 그는 신과 동일한 존재이며 세상을 구원하기 위해 왔다는 사실을 받아들일 수 있습니다. 마침내 예수 그리스도는 십자가와 부활이라는 역사적 사건을 통하여 구원자로 드러났습니다.

나 곧 나는 여호와라 나 외에 구원자가 없느니라 _이사야 43:11

유신론의 신은 사람에게 구원을 주길 원하였습니다. 이 구원을 이루기 위해 신은 성육신이라는 역사적 사건을 사용하였습니다. 그리고 많은 이스라엘 사람들에게 자신의 모습을 보여 주었습니다. 마침내 신은 구원자로서 자신을 역사 속에서 드러냈습니다.

---

41 C. S. 루이스, 『순전한 기독교』(서울: 홍성사, 2005), 91-93.

신이 사람에게 알려 준 구원의 방식은 예수 그리스도를 받아들이는 것이었습니다. 이 받아들임을 예수 그리스도는 믿음으로 여겼습니다.

> 예수께서 이르시되 나는 부활이요 생명이니 나를 믿는 자는 죽어도 살
> 겠고 무릇 살아서 나를 믿는 자는 영원히 죽지 아니하리니 이것을 네
> 가 믿느냐요 _요한복음 11:25-26

하지만 이 같은 유신론의 믿음이 지닌 독단적 성격이 싫다는 이유로 유신론을 배격하는 사람들이 있습니다. 그들은 유신론을 받아들이는 자들이 다른 종교나 사상을 가진 자를 폭력적으로 대한다고 여깁니다. 그렇기에 그들은 유신론이라는 종교를 독단이자 폭력이라고 부릅니다.

만약 어떠한 유신론자가 자신의 주장을 폭력적으로 나타내었다면, 그것은 신의 뜻에 맞지 않는 행동이라고 볼 수 있습니다. 신의 뜻은 사랑과 희생으로 완성되기 때문입니다. 신은 오히려 자신을 희생하는 것이 유신론자가 추구해야 하는 가치라고 여깁니다.

그럼에도 불구하고, 구원자는 오직 유신론의 신밖에 없다고 말하는 것은 이성적으로 타당하다고 여겨집니다. 왜냐하면 신은 창조자로서, 스스로 있는 자로서, 전능한 자로서, 거룩한 자로서, 사랑하는 자로서 유일성을 가지고 있기 때문입니다. 이러한 유일성은 독단성에 근거한 것이라기보다는 단일성에 근거한 것입니다.

독단과 단일은 분명한 차이가 있습니다. 독단은 자신의 주장과 다른 주장에 대해서 일체의 대화를 시도하지 않습니다. 오직 자신의 체계 안에서만 생각하고 판단하고 결정합니다. 하지만 단일하다는 것은 다른 주장에 대해서도 대화할 수 있는 가능성을 열어 둡니다. 하지만 여전히 자신의 체계가 단일하다는 것을 포기하지는 않습니다.

만일 세상에 구원이 있다면, 그리고 그 구원을 전해 주는 구원자가 있다면, 사람은 그 구원의 방식을 어떻게 받아들여야 할까요? 신은 그것을 사람의 자유로운 선택으로 남겨 놓았습니다. 사람은 신이 제공하는 구원을 자유롭게 선택할 수 있습니다. 선택이 자유로운 이유는 신이 만든 구원의 방식이 자유롭고 주체적인 사랑을 전제하기 때문입니다.

신은 사랑을 전제하여 구원의 방식을 선택하도록 했습니다. 신이 만들어 놓은 구원은 양방향이 있습니다. 한 방향은 신이 자신의 완전한 사랑으로 구원의 길을 이루어 놓으셨다는 것입니다. 또 다른 쪽의 방향은 사람은 그러한 신이 만들어 놓은 구원에 대해 반응해야 한다는 것입니다.

신을 향한 믿음이 중요하다는 의미는 단순히 신을 신뢰해야 한다는 의미만을 내포하는 것은 아닙니다. 오히려 이 믿음은 신의 사랑을 받아들이겠다는 서약입니다. 아울러 신이 만들어 놓은 구원의 방식을 인정하겠다는 약속입니다.

믿음이 있는 사람은 신을 구원자로서 받아들입니다. 그는 신이 사람에게 주시고자 하는 최종적인 구원의 그림을 깨달아 압니다. 그 위대한 그림은 창조자가 부여한 아름다움이자, 스스로 있는 자가 추구하는 통치이자, 전능한 자가 일으키는 능력이자, 거룩한 자가 내포하고 있는 완전함이자, 마침내 그 모든 것을 아우르는 고귀한 사랑입니다.

유신론의 신은 이 모든 것을 통틀어서 사람에게 위대한 구원의 선물을 주시고자 합니다. 그 구원을 받아들이고자 하는 모든 자에게 말입니다. 신은 이 놀라운 일을 위해 피조물인 사람의 삶에 끊임없이 관여하는 것입니다. 이제 남은 것은 우리의 선택뿐입니다.

1. 구원자는 신이다.
2. 구원자는 사람이다.

과연 사람이 구원자가 될 수 있을까요? 자신의 불완전함을 조금이라도 인정할 수 있는 사람은 알 것입니다. 사람은 구원자가 될 수 없다는 사실을 말입니다. 반면 신의 존재는 구원자로서 사람의 구원이 이루어지는 방식을 역사적으로 알려 주었습니다. 다만 그 사실을 사람들이 믿도록 요청할 뿐입니다.

신은 사람에게 구원이 절실히 필요함을 알고 있습니다. 이는 마치 암에 걸려 본 사람이 암에 걸린 사람을 가장 잘 알고 있는 것과 같은 것입니다. 신은 예수 그리스도로서 세상에서 가장 극심한 고통을 경험하였습니다. 그렇기에 그는 사람이 세상에서 겪는 극심한 고통을 잘 이해하고, 공감합니다.

　그런데 명의(名醫)는 단지 이해하고 공감하는 것에 그치지 않습니다. 병을 잘 치료하는 일이 더 중요합니다. 병을 치료하기 위해 쓴 약을 제공하고, 주사라는 아픔을 처방하기도 합니다. 신은 사람을 치료하기 위해 때때로 그 존재에 걸맞은 고통을 허용하기도 합니다. 하지만 이러한 신의 허용은 결국 사람들이 신이 주시고자 하는 구원을 받아들이도록 하려는 것입니다. 그리고 마침내 신의 구원은 분명 우리의 삶과 죽음 속에서 현실이 될 것입니다.

> 또한 그로 말미암아 우리가 믿음으로 서 있는 이 은혜에 들어감을 얻었으며 하나님의 영광을 바라고 즐거워하느니라 다만 이뿐 아니라 우리가 환난 중에도 즐거워하나니 이는 환난은 인내를, 인내는 연단을, 연단은 소망을 이루는 줄 앎이로다 _로마서 5:2-4

> 자녀이면 또한 상속자 곧 하나님의 상속자요 그리스도와 함께 한 상속자니 우리가 그와 함께 영광을 받기 위하여 고난도 함께 받아야 할 것이니라 생각하건대 현재의 고난은 장차 우리에게 나타날 영광과 비교할 수 없도다 _로마서 8:17-18

　삶은 고난의 연속입니다. 사람은 태생적으로, 존재적으로, 심리적으로, 사회적으로, 그리고 죽음 등 모든 면에서 고난을 겪습니다. 그리고 그러한 고난은 사람들이 신의 존재를 바라보지 못하게 합니다. 결론은 두 가지입니다. 이러한 고난의 삶을 빨리 끝내거나, 아니면 그저 이 고난은 자연적인 일이라며 순응하는 것입니다.

하지만 유신론의 신은 사람에게 고난 중에서도 삶의 가치와 의미를 발견하게 합니다. 고난은 장차 나타날 영광입니다. 그렇기에 사람은 신의 존재로 인해 고난 중에도 살아갈 가치와 의미를 발견할 수 있습니다. 물론 여기에는 한 가지 전제가 필요합니다. 신의 존재를 받아들이는 것입니다.

신은 곧 유신론의 하나님일까요? 그렇습니다. 이신론의 신도, 범신론의 신도 그 존재 자체가 완전함을 보여 주지는 못합니다. 그리고 사람의 삶에 가치와 의미를 분명하게 확정하지도 못합니다. 불완전한 사람을 구원으로 이끌지도 못합니다. 오직 유신론의 신, 즉 하나님[42]이 유일무이합니다.

---

[42] 앞으로 이어지는 장부터는 유신론의 신을 '하나님'으로 바꾸어 쓰도록 하겠습니다.

제3장

하나님은
자신의 존재를
어떻게
알려 주나요?

15. 계시에 관하여

TV 프로그램 중에 가수가 가면을 쓰고 나와 자신이 누구인지를 밝히지 않은 채 노래를 부르는 방송이 있습니다. 청중은 노래를 들으면서 가면 속의 가수가 누구인지를 상상하며 궁금해합니다. 그래서 마음속으로 '분명하진 않지만 아마 이 가수일 거야.'라고 추측합니다.

마치 신의 존재가 이와 비슷한 느낌일 때가 있습니다. 신은 가면을 쓰고 자신의 존재를 숨긴 채 사람들에게 제대로 나타내지 않는 것만 같습니다. 마치 그 존재는 사람에게 약간의 힌트만을 제공하고 있으며, 사람은 그 힌트만으로 신의 존재를 추론해야 할 것만 같습니다. 그래서 대부분의 사람들은 신의 존재에 대한 확신을 가지지 못하고 그분을 미지의 존재로 여깁니다.

신의 존재가 이와 같이 여겨지는 이유는 무엇 때문일까요? 그것은 우리가 사는 세상에서 신의 존재를 완전하게 파악하는 것이 어렵기 때문입니다. 그래서 우리는 신의 존재에 대한 확신을 가지지 못하는 것입니다.

하지만, 세상의 여러 신들과는 다르게 하나님은 세상과 소통하고 있습니다. 하나님은 세상에 관여하고 있으며 만물을 유지하고 보존하고 있습니다. 이것이 이신론과 명백한 차이점입니다. 이러한 소통은 사람이 하나님의 존재를 명명백백하게 알도록 하지는 않습니다만, 적어도 사람에게 하나님의 존재에 대한 기본적인 앎은 분명하게 제공합니다.

그렇다면 하나님은 자신의 존재를 어떻게 알려 주는 걸까요? 하나님이 세상에 자신의 존재를 알려 주는 방식을 '계시'라고 합니다. 계시란, '숨겨진 것이 드러났다'는 어원적 의미를 가지고 있습니다. 신학적으로 계시는 '하나님이 자신의 존재를 알려 주는 행동'을 지칭합니다. 하나님은 사람을 신과 소통할 수 있는 존재로 창조하였을 뿐만 아니라, 사람에게 자신의 존재를 분명히 알려 주었습니다. 성경은 다음과 같이 말합니다.

> 창세로부터 그의 보이지 아니하는 것들 곧 그의 영원하신 능력과 신성
> 이 그가 만드신 만물에 분명히 보여 알려졌나니 그러므로 그들이 핑계
> 하지 못할지니라 _로마서 1:20

그렇다면 하나님은 우리에게 어떻게 알려진 걸까요? 계시는 다방면의 채널을 지니고 있습니다. 하나님의 계시는 다양한 수단과 방식으로 모든 사람에게 주어집니다. 하나님이 직접적으로 어떤 사람에게 나타나서 휘황찬란한 모습으로 각인되는 특별하고도 신기한 계시만이 있는 것은 아닙니다. 사람은 평범한 일상 속에서 하나님의

계시를 경험할 수 있습니다.

그렇다면 하나님의 계시에는 어떤 것들이 있을까요? 크게 분류하자면 세 가지로 나눌 수 있습니다. 첫째는 '자연' 속에 나타나는 계시이고, 둘째는 하나님을 직접적으로 '체험'하는 계시이고, 셋째는 '성경'이라는 언어 기록물에 나타나는 계시입니다.[43]

가장 단순한 형태는 자연 속에 나타나는 하나님의 계시입니다. 자연 만물을 볼 때 그 속에서 하나님의 숨결을 느끼는 것입니다. 하나님이 만물을 창조하고 조성하고 유지하고 보존한다고 느끼는 것입니다. 이러한 느낌은 마치 범신론을 연상하게 합니다. 하지만 유신론과 범신론은 분명 다릅니다. 왜냐하면 범신론은 자연과 신이 동일하다고 여길 뿐만 아니라, 신을 인격적이라고 말하지도 않기 때문입니다. 그럼에도 범신론과 유신론의 접점이 있다고 한다면 그것은 자연 속에 내포된 하나님의 계시에 대한 일부분입니다.

사람이 자연 속에서 하나님의 존재를 알 수 있는 이유가 있습니다. 그것은 사람에게 '종교의 씨앗'이 심겨져 있기 때문입니다. 이에 대해서 종교개혁자 칼뱅(Jean Calvin, 1509-1564)은 이렇게 말합니다.

인간의 마음속에 본능적으로 신에 대한 지각이 존재한다는 것을 우리는 논란의 여지가 없는 사실로 받아들인다. 무지를 핑계거리로 삼

---

43 루이스 벌코프(Louis Berkhof, 1873-1957)는 다음과 같이 말한다. "우리에게는 자연 및 역사에서의 일반 계시와 나란히 특별 계시도 있는데 그것은 지금 성경으로 구체화되어 있다. 성경은 특별 계시의 책이며 결국 신학의 유일한 외적 인식의 원리이다." 루이스 벌코프, 『벌코프 조직신학』(고양: 크리스천다이제스트, 2013), 144. 참조.

지 못하도록 하기 위해서, 하나님은 친히 자신의 신적 위엄을 어느 정도나마 알 수 있도록 어느 정도의 사고력을 모든 사람들 속에 심어 놓으셨다. … 그리고 삶의 다른 면에서는 짐승들과 별로 다를 바 없는 것 같은 미개한 사람들에게도 여전히 종교의 씨앗 같은 것이 어느 정도 있는 것을 보게 되는 것이다. 그러한 공통적인 관념이 모든 사람의 정신 속에 그렇게도 깊이 자리하고 있으며, 그렇게도 끈질기게 모든 사람의 마음속에 존재하고 있는 것이다! 그러므로, 세상이 시작된 이래로 종교가 없는 지역이나 도시나 가족이 있었던 적이 없으므로, 이러한 사실이야말로 신에 대한 지각이 모든 사람들의 마음속에 새겨져 있다는 무언의 고백인 셈이다.[44]

만약 사람에게 본능이 있고, 그 본능을 하나님이 허락한 것이라면, 사람은 하나님의 존재를 태생적으로 알 수 있습니다. 물론 이러한 생득적인 본능을 증명할 수는 없습니다. 그럼에도 우리는 이러한 하나님에 대한 의식을 종종 확인하게 됩니다. 모든 사람은 하나님의 존재에 대한 생득적인 본능과 이에 대한 직관적인 느낌을 가지고 있는 것입니다.

예를 들어, 사람들은 대개 절체절명의 순간에 '하나님! 도와주세요!'라고 외치면서 하나님의 도움을 구하는 것을 주저하지 않습니다. 예상치 못한 죽음의 위험에 처한 사람은 무의식적으로, 혹은 본

44　존 칼빈, 『기독교강요 (상)』(고양: 크리스천다이제스트, 2008), 49.

능적으로 하나님의 존재를 인식합니다. 그리고 자연의 장엄한 모습을 통해서도 하나님의 존재를 경험할 때가 있습니다. 감탄, 경이, 탄복 등의 느낌이 자연스럽게 생기는 것입니다. 이러한 일들이 하나님의 존재에 관한 생득적인 본능의 작용이라고 볼 수 있습니다.

이러한 계시 외에도 하나님을 직접적으로 체험하는 계시의 형태도 있습니다. 이것은 특별한 계시의 방식입니다. 이 계시의 방식은 사람들이 시간과 공간 속에서 하나님을 경험하도록 합니다.

노아는 하나님의 음성을 듣고 방주를 만들었습니다. 성경은 "하나님이 노아에게 이르시되"라고 표현합니다. 이 부분에서 하나님이 노아에게 들려 준 음성은 구체적으로 어떤 형식이었는지는 알 수 없습니다. 분명한 사실은 노아가 하나님을 신뢰했고, 그 음성에 순종했다는 것이었습니다. 놀랍게도 노아는 하나님의 음성에 순종함으로 홍수로부터 구원을 받게 되었습니다.

아브라함은 하나님과 특별한 약속을 맺었습니다. 하나님은 아브라함에게 횃불로 나타났습니다. 그 횃불은 쪼갠 고기 사이로 지나갔습니다. 이것은 당시 고대 근동의 계약에 기초한 행위였습니다. 계약을 맺는 사람은 쪼갠 고기 사이로 지나가야 하는데, 만약 계약을 어길 시에는 쪼갠 고기처럼 죽임을 당할 것임을 맹세하는 행위입니다. 이 고대 근동의 계약 행태로 하나님은 홀로 횃불이 되어 쪼갠 고기 사이로 지나갔고, 이 일로 인해 아브람은 하나님에 대한 확신을 가지게 되었습니다.

모세는 시내산에서 하나님의 모습을 보았습니다. 시내산에서 하나님은 모세에게 십계명을 전해 주고, 자신의 영광을 보여 주었습니다. 아쉽게도 그 모습은 하나님의 얼굴이 아니라 그분의 뒷모습이었습니다. 전체적인 하나님의 모습은 아닐지라도, 일부분에 해당하는 하나님의 영광을 경험한 모세는 자신의 모든 인생을 그분을 위해 살게 되었습니다.

그런데 궁금한 점이 있습니다. 왜 하나님은 특정한 사람에게만 직접 나타나는 걸까요? 모든 사람에게 동일하게 직접적으로 나타난다면 더 효과적이지 않을까요? 이에 대한 대답은 하나님의 주권적 선택에 있습니다.

하나님의 주권적 선택이란, 하나님이 자신의 뜻에 따라 행동한다는 의미입니다. 그런데 하나님의 주권적 선택은 특정한 사람에게 뿐만 아니라 일반적인 사람에게도 영향을 미칩니다. 왜냐하면 하나님은 특정한 사람이 경험한 계시가 일반적인 사람에게까지 전해지도록 하기 때문입니다.

세상에는 리더(Leader)와 팔로워(Followers)가 있습니다. 하나님에게 있어서 리더와 팔로워의 구분은 기능상의 차이일 뿐입니다. 특정한 사람에게만 직접적인 계시가 나타난 것은 그 사람이 대단해서가 아닙니다. 기능상의 역할을 나눈 것이라고 볼 수 있습니다. 그리고 중요한 사실이 있습니다. 어떤 사람이 하나님을 직접적으로 만났더라도 신의 존재를 믿을지, 믿지 않을지에 대해서는 여전히 개인의 선택으로 남게 되는 것입니다.

사람들은 흔히 하나님의 계시를 직접적으로 경험하면 하나님을 잘 믿을 수 있을 것이라고 생각합니다. 하지만 실상 계시의 경험이 믿음을 100% 보장하는 것은 아닙니다. 하나님의 존재를 믿지 못하는 사람은 여전히 자신의 눈을 의심할 것입니다. 자신의 마음이나 생각을 의심할 수도 있습니다. 노아와 아브라함과 모세의 경우만 생각해 보더라도 의심의 여지는 충분했습니다. 믿음은 직접적인 체험에 달려 있지 않고, 그것을 받아들이는 사람의 마음에 있었습니다. 그리고 비록 하나님의 계시를 직접적으로 경험하지 못했어도 직접적으로 경험한 사람보다 하나님을 더 잘 믿는 경우도 있습니다.

하나님은 주체적인 존재이기 때문에 특정한 사람에게만 직접적인 계시로 나타나고, 누군가를 리더로 세웁니다. 하나님은 이렇게 사람들이 살아가는 사회에 기능적 조직을 만듭니다. 그리고 이를 통하여 모든 사람이 사회 속에서 하나님의 존재를 알아 가도록 합니다. 계시는 모든 사람에게 열려 있습니다. 직접적인 계시는 일부 사람에게만 주어지지만, 그 일부 사람이 체험한 계시를 다른 사람에게 전해 주기 때문입니다.

또한 하나님은 역사적인 상황에 따라 계시의 방식을 효과적으로 사용합니다. 성경에 따르면 하나님은 신약보다는 구약에서 더 많이 직접 나타나는 계시를 사용합니다. 왜 그럴까요? 그것은 구약의 사람에게는 성경이라는 계시가 없었기 때문입니다. 그렇기에 하나님은 구약에서 더 많이 직접적인 계시로서 특정한 사람에게 나타난 것입니다. 반면 신약에서는 성경이라는 언어로 기록된 계시가 주어졌기에 직접적인 계시의 빈도는 점점 줄어들게 됩니다.

그런데 우리는 하나님이 직접적으로 나타나는 계시가 나에게 해당되지 않는다는 이유로 다소 실망감을 가질 때가 있습니다. 누군가는 이렇게 말할 것입니다.

"하나님이 직접 나타나 준다면 더 잘 믿을 수 있을 텐데요!"

여러분이 만약 하나님을 직접적으로 체험하길 원한다면 그 만남을 그분에게 요청하기를 바랍니다. 저도 이에 대해 오랜 시간 동안 하나님에게 직접적으로 만나 달라고, 보여 달라고, 알려 달라고 기도했습니다. 그런데 어느 날은 정말 하나님의 존재가 제 존재 앞에 드러날 것만 같은 느낌이 들었습니다. 그 순간 우주 전체, 아니 그보다 더 큰 하나님의 존재가 작고 초라한 나라는 존재를 덮칠 것만 같은 느낌이 들었습니다. 그때 저는 형용할 수 없는 두려움에 휩싸였습니다. 마치 진짜로 하나님의 존재가 나타나기라도 한다면 도무지 감당할 수 없을 것만 같은 느낌이 들었습니다. 저는 이렇게 외칠 수밖에 없었습니다. '이것으로 충분합니다. 직접 나타지 않아도 알겠습니다.'

이는 개인적인 이야기일 뿐입니다만, 이 경험은 저와 같이 연약한 존재에게는 의미 있는 일이었습니다. 저는 여러분이 만약 하나님의 계시에 대해 직접적인 경험을 하기를 원한다면 그 만남을 그분에게 요청하기를 바랍니다. 하나님은 역사적 상황에 따라 계시의 방식을 효과적으로 사용합니다. 하나님의 뜻이라면 이 책을 읽고 있는 여러분에게도 하나님의 존재가 나타날 수 있습니다.

지금까지 하나님의 계시에 대한 두 가지 측면을 알아보았습니다. 그 두 가지는 자연 속에서 하나님의 존재를 깨닫는 계시와 하나님을 직접적으로 체험하는 계시였습니다. 그렇다면 세 번째 측면인 성경이라는 언어 기록물에 나타나는 계시는 어떤 형식일까요? 앞으로 살펴볼 내용은 이에 대한 대답이 될 것입니다.

16. 성경에 관하여

여러분은 사랑하는 사람에게 연애편지를 써 본 적이 있으신가요? 누군가를 사랑하게 되면 그 사람과 소통을 하고 싶어집니다. 그래서 짧게는 문자로, 길게는 편지로 자신의 마음을 전달합니다.

위대한 음악가 베토벤(Ludwig van Beethoven, 1770-1827)도 사랑하는 사람에게 연애편지를 썼습니다. '불멸의 연인'이라는 이름 모를 이에게 3통의 연애편지를 썼습니다. 많은 학자들은 이 연애편지의 수신인을 밝히고자 했지만 지금까지 밝혀지지 않고 있습니다. 결국 불멸의 연인은 미스터리로 남습니다.

연인의 이름은 기록되지 않았지만 이 연애편지에는 날짜가 기록되어 있습니다. 한 통은 7월 6일 아침, 한 통은 7월 6일 저녁, 한 통은 7월 7일 아침이라고 적혀 있습니다. 이틀 동안 아침저녁으로 편지를 써 내려간 것입니다. 베토벤이 얼마나 그 연인을 사랑했는지를 알 수 있는 일화입니다.

사랑이신 하나님은 자신의 사랑을 사람들에게 알려 주기 위한 목적으로 글을 보내 주었습니다. 하나님은 자신의 존재를 계시하기 위해 사람의 언어를 사용하였습니다. 하나님이 사람의 언어를 사용하신 이유가 무엇일까요? 그것은 사람의 언어가 하나님의 사랑을 가장 정확하게 알려 줄 수 있는 수단이 되기 때문이었습니다.

계시 중에 가장 완전하고, 보편적이며, 명료한 계시가 있습니다. 그것은 바로 성경입니다. 성경이 완전하고, 보편적이며, 명료한 이유는 그것이 언어 기록물로 되어 있기 때문입니다. 언어 기록물은 특징이 있습니다. 언어 기록물은 변경되거나 바뀌지 않습니다. 한 번 기록된 언어는 변함없이 시대를 거쳐 이어집니다. 이 같은 맥락에서 예수 그리스도는 언어 기록물인 성경에 대해 이렇게 말했습니다.

> 진실로 너희에게 이르노니 천지가 없어지기 전에는 율법의 일점 일획
> 도 없어지지 아니하고 다 이루리라 _마태복음 5:18

언어 기록물로서의 성경은 매 시대마다 검증의 과정을 겪어 왔습니다. 오늘날의 시대에도 여전히 성경은 주된 논쟁 거리 중의 하나입니다. 하지만 세대를 거쳐 이어진 까다로운 검증 절차에도 불구하고 여전히 성경은 완전함을 지켜 내고 있습니다. 여기에서 말하는 완전함이란 어느 누군가가 성경을 토대로 하나님을 알고 믿으려고 할 때 합리적이지 않은 부분이 없다는 의미입니다.

또한 성경은 보편적입니다. 성경은 언어로 기록되어 있고, 수많은 언어로 번역되었습니다. 누구나 성경을 통해 유신론의 하나님이라는 존재를 탐구할 수 있습니다. 언어는 그 자체로 보편적인 성격을 지니고 있습니다. 그렇기에 하나님의 계시가 언어 기록물로 되어

있다는 것은 전 세계의 모든 사람이 보편적으로 접근 가능한 계시의 방식이라고 여겨질 수 있습니다.

뿐만 아니라 성경은 명료합니다. 이 부분에서 명료하다는 것은 성경이 누구나 이해할 수 있는 내용을 담고 있다는 의미입니다. 물론 성경의 모든 부분이 다 이해하기 쉽게 기록되어 있지는 않습니다. 어떤 부분은 해석학적 이슈가 되기도 하고, 학자마다 다른 견해를 주장하는 내용들도 들어 있습니다. 하지만 성경은 전제 맥락 속에서, 세상의 탄생, 사람의 구원, 하나님의 특성에 대한 사실들을 누구나 쉽게 알 수 있도록 명료하게 제시하고 있습니다.

이렇게 완전하고, 보편적이며, 명료한 성경에 대해 종교개혁자 칼뱅은 이렇게 말합니다.

참된 신앙이 우리에게 빛을 발하도록 하기 위해서는, 반드시 하늘의 가르침에서 시작해야 한다는 것과 또한 성경의 제자가 되지 않고서는 어느 누구도 올바르고 건전한 교리를 조금도 맛볼 수 없다는 것을 유념해야 할 것이다. 그러므로 하나님께서 성경에서 친히 자기를 증거해 놓으신 것을 경건한 자세로 받아들일 때에 비로소 참 깨달음이 시작되는 것이다.[45]

그런데 성경이 하나님의 계시라는 증거가 있는 걸까요? 성경을

---

[45] 존 칼빈, 『기독교강요 (상)』, 82.

하나님의 계시로 받아들여야 하는 이유는 무엇일까요? 루이스 벌코프(Louis Berkhof, 1873-1957)는 성경의 신적 권위에 대해 다음과 같이 말합니다.

> 로마 교회의 입장에 반대하여 개혁자들은 성경의 자증, 즉 성경은 본질상 스스로 하나님의 영감된 말씀으로서 권위를 갖는다는 것을 강조하였다. 그들은 성경에 대한 교회의 증거를 신뢰성의 동기로는 중요한 것으로 주저 없이 인정하였으나, 이 교회의 증거를 성경을 받아들이는 최종적인 근거로 인정하는 일은 거부하였다. 그들은 성경은 그 자체 때문에 믿어야 한다는 입장을 확고하게 견지하였다. 성경은 하나님의 영감된 말씀이며, 따라서 신적 권위로 인간에게 다가온다.[46]

위의 표현에서 종교개혁자들이 주장한 '자증'이라는 말은 자기 스스로 증명한다는 뜻으로 성경이 스스로 신적 계시임을 증명한다는 의미입니다. 역사적으로 성경은 스스로가 증명하는 사실에 따라 신적 권위를 가지게 되었다는 말입니다. 이러한 성경의 자증을 말하는 성경 구절은 다음과 같습니다.

> 모든 성경은 하나님의 감동으로 된 것으로 교훈과 책망과 바르게 함과 의로 교육하기에 유익하니 _디모데후서 3:16

---

46 루이스 벌코프, 『벌코프 조직신학』, 175.

'하나님의 감동으로'라는 말은 하나님이 모든 성경의 의미를 확정하여 전해지도록 한 것이라는 의미를 담고 있습니다. 따라서 성경은 스스로 증명하는 성격상 하나님의 계시로서 합당하다는 것입니다.

하지만 이러한 성경의 자증은 순환 논법이지 않느냐는 비판을 받기도 합니다. 성경이 하나님의 계시임을 입증하려고 하는데, 그 입증을 성경 자체가 스스로 한다고 주장하기 때문입니다. 그런데 비록 이러한 성경의 자증이 순환 논법처럼 보일지라도 그것이 중요하게 여겨지는 이유가 있습니다.

예를 들어, 여러분의 친구가 여러분에게 "나는 네 친구가 맞아."라고 한다면, 이 말은 분명 자증이고 순환 논법입니다. 왜냐하면 '친구'라고 생각하는 개인의 감정을 증명할 길이 없기 때문입니다. 그런데 친구의 자증이고 순환 논법이라고 해서, 이 말은 받아들일 수 없는 진술이 되는 걸까요? 그렇지는 않습니다. 왜냐하면 친구라는 말은 지금까지 서로가 가진 시간과 교제와 친밀함으로 이미 증명되었을 것이기 때문입니다. 그렇다면 친구가 이렇게 자증의 말을 하는 이유는 무엇일까요? 그것은 이 사실이 확실하다는 믿음을 공유하기 위함입니다.

성경의 자증은 하나님의 존재를 인정하는 사람들에게는 그것이 확실하다는 믿음을 공유하도록 합니다. 반면 하나님의 존재를 인정하지 않는 사람들에게는 그것이 순환 논법처럼 여겨집니다. 친구가 있는 사람은 친구의 자증을 인정할 수 있지만, 친구를 단 한 명도 사귀어 본 적 없는 사람은 아무리 친한 누군가가 증언하는 자증도 인정할 수는 없는 것입니다.

　성경이 하나님의 계시라는 사실은 자증에 가장 큰 근거를 두지만, 그것만은 아닙니다. 우리는 역사와 직관을 통하여 성경이 하나님의 계시라는 사실을 인정할 수 있습니다. 역사적으로 하나님의 계시와 관련된 기록물은 다양하게 존재합니다. 만약 신이 언어 기록물로 자신의 존재를 계시하는 것을 합당하다고 여겼다면, 우리는 다양한 언어 기록물에 계시된 신들을 면밀히 조사함으로 가장 합당한 계시로서의 기록물을 찾아낼 수 있습니다.

　그렇다면 성경에 나타난 하나님의 존재는 다른 기록물에 기록된 신의 존재들과 비교했을 때 가장 합당하다고 여겨질 수 있을까요? 물론 그렇습니다. 우리는 이신론, 범신론, 유신론의 신을 비교하였습니다. 그리고 창조자, 스스로 있는 자, 전능하신 자, 거룩하신 자, 사랑하는 자, 구원자라는 특징을 통해 하나님이 여타 다른 신들과 비교했을 때 가장 타당하다는 사실을 직관적으로 받아들일 수 있었습니다.

　또한 역사적으로 접근해 보았을 때, 성경은 지금까지 보급된 계시로서의 저작물 중에 가장 광범위하게 전파되었습니다. 만약 신이 존재한다면 그 존재는 자신을 알리기 위해 어느 작은 부족이나, 협소한 마을만을 대상으로 계시하지는 않을 것입니다. 분명 사람들이 신의 존재를 알도록 그 계시의 폭은 전 세계적일 것입니다. 이 점에서 성경은 수많은 언어로 가장 널리 보급된 계시로서 합당한 저작물입니다.

그리고 성경 속에는 이성적으로 도무지 받아들여질 수 없는 오류가 없습니다. 물론 해석학적 이슈가 있을 수는 있겠지만, 우리가 흔히 알고 있는 지식에 근거하여 성경의 계시가 규범적인 권위를 가지고 있음을 인정할 수 있습니다. 만약 성경이 규범적인 권위를 가지지 못했다면, 이 기록물은 일찍 폐기 처분되었을 것입니다. 예를 들어 십계명의 제6계명은 '살인하지 말라'입니다. 이것은 누구나 인정할 만한 도덕입니다. 그런데 만약 십계명의 제6계명이 '살인하며 살라'라고 권장했다면, 이 기록물을 받아들일 수 있었을까요? 그럴 수 없었을 것입니다. 왜냐하면 성경의 규범이 일반적인 도덕과 일치하지 않기 때문입니다.

성경은 사람이 가지고 있는 도덕에 대한 기초를 제공합니다. 왜냐하면 그것은 하나님의 계시이기 때문입니다. 십계명은 지금까지 인류의 역사에 합리적 규범으로서 긍정적인 역할을 감당했습니다. 성경은 하나님의 계시로서 도덕과 무관하지 않습니다. 오히려 도덕이 제시하는 규범적인 삶의 토대가 됩니다. 이러한 믿음이 곧 성경이 가지는 규범적인 권위입니다.

이렇듯 하나님의 계시로서 완전하고, 보편적이며, 명료한 기록물은 성경입니다. 그렇기에 신의 존재에 대해 궁금증을 가진 사람이 이용할 수 있는 가장 합리적인 수단은 바로 성경입니다. 성경을 읽고 묵상할 때 그 사람은 하나님의 존재에 대한 깨달음을 얻게 됩니다. 그리고 하나님의 존재를 알아가게 됩니다.

그런데 우리는 성경을 읽었지만 여전히 하나님을 인정하지 않는 사람이 있다는 사실을 압니다. 성경을 읽었어도 하나님의 존재를 믿지 못하는 사람들이 있습니다. 이에 대해서는 어떻게 이해해야 할까요?

계시의 특성상 계시가 믿음을 확증하는 것은 아님을 알아야 합니다. 아무리 대단한 계시를 받았어도 그 계시를 믿을지, 믿지 않을지는 개인의 선택에 달려 있습니다. 하나님은 어느 누구에게도 강제적이거나, 기계적인 선택으로 믿음을 제시하지 않습니다. 왜냐하면 이 믿음의 행위는 사랑을 전제하기 때문입니다.

어떤 사람은 성경이 불합리하며 오류 투성이라고 말하기도 합니다. 그리고 조만간 성경의 불합리함이 만천하에 드러날 것이라고 생각하는 사람도 있습니다. 왜 누군가는 성경을 완전한 하나님의 계시라고 믿는 반면, 또 다른 누군가는 성경을 불합리한 책이라고 여기는 걸까요? 이 차이는 언어의 불완전함에 기인한다고 볼 수 있습니다.

성경은 언어 기록물입니다. 언어로 기록된 이유는 언어가 가장 보편적이고 인지적으로 타당하기 때문입니다. 반면 언어는 수많은 장점을 지니고 있음에도 불구하고, 그것 자체로 완전한 것은 아닙니다. 왜냐하면 언어에는 한계가 있기 때문입니다.

예를 들어 '태양이 떠오른다!'라고 말할 때, 이 표현은 일상 언어를 알고 있는 사람이라면 누구나 이해할 수 있고 공감할 수 있습니다. 하지만 이 표현은 과학적 견지에서 따진다면 타당하지 않고, 옳지도 않습니다. 왜냐하면 실제로는 태양이 떠오르는 것이 아니라,

지구가 자전하는 것이기 때문입니다.

우리는 문화적으로 언어를 사용할 때, '태양이 떠오른다!'라고 하지 '지구가 자전한다!'라고 하지는 않습니다. 이러한 언어의 한계는 성경이 신의 존재를 계시하는 데에도 동일한 의미의 차이를 만들어 냅니다. 예를 들어, 성경은 '하나님이 한탄하사 마음에 근심하였다'라고 묘사합니다. 하지만 그것은 단지 문화적으로 언어를 사용하여 표현한 것에 불과합니다.

언어는 사람에게 있어서 소통의 도구입니다. 그 언어가 하나님의 계시로서 사용이 될 때에는 분명 문화적으로 사용되게 마련입니다. 만약 하나님의 계시가 문화적이지 않고 난생 처음 보는 암호처럼 기술되었다면, 그것은 사람들이 도무지 이해할 수 없을 것입니다. 하나님은 자신을 계시할 때 문화를 기반으로 하여 자신의 존재를 '신인동형론적'으로 나타내곤 합니다. 이에 대해 C. S. 루이스는 말합니다.

1세대 그리스도인들 대부분은 믿음을 생각할 때 신인동형론적 이미지를 활용했고, 현대인들과 달리 그것이 이미지에 불과했음을 명백하게 의식하지 못했을 가능성이 높습니다. 그러나 이것은 그들의 신앙에서 천상의 공식 알현실에 대한 세부 내용이 핵심을 차지하고 있었다는 뜻은 결코 아닙니다. 이것은 그들이 소중히 여기고 목숨을 바칠 각오를 다졌던 대상이 아니었습니다. 그들 중 누구라도 알렉산드리아로 가서 철학 교육을 받았다면 그것이 이미지였음을 즉시 파악했을 것입니다.

그러나 자신의 믿음이 중요한 면에서 달라졌다고는 생각하지 않았을 것입니다. … 초기 그리스도인들은 껍데기를 알맹이로 오해한 사람이라기보다는 아직 껍데기를 까지 않은 호두를 지니고 다닌 사람과 비슷했습니다. 호두 껍데기가 깨지는 순간, 그는 어느 쪽을 버려야 할지 대번에 알았습니다. 그러나 그 전까지는 호두 전체를 다 갖고 있습니다. 바보라서가 아니라, 바보가 아니기 때문입니다.[47]

이러한 문화적인 언어 사용 방식을 오류라고 볼 수는 없습니다. 또 이것을 불합리하다고 볼 수도 없습니다. 그것을 오류나 불합리하다고 여긴다면, 사람의 존재 자체가 오류나 불합리하게 되는 것입니다. 만약 사람의 존재가 언어로서 그 존재의 타당성이 기술될 수 있다면, 하나님의 존재도 마찬가지입니다. 하나님의 존재는 언어로 기록된 성경을 통하여 명명백백하게는 아닐지라도 분명히 나타나 알려질 수 있습니다.

성경은 언어 기록물이기 때문에 문화적입니다. 성경은 문화와 동떨어지지 않습니다. 성경은 문화를 포함하고 있습니다. 그리고 문화적 상황 속에서 하나님의 존재를 계시하고 있습니다. 하지만 문화가 하나님의 존재를 변경시킬 수는 없습니다. 하나님은 문화적 언어를 통하여서라도 충분히 그 존재적 특성을 사람에게 알려 줍니다. 결론적으로 누구나 하나님의 존재를 인정하고 성경을 읽는다면, 그 언어

---

47 C. S. 루이스, 『영광의 무게』, 130-131.

기록물을 통하여 하나님의 존재를 깨달아 알 수 있는 것입니다. 저는 여러분에게 이렇게 말씀을 드리고 싶습니다.

만약 하나님의 존재가 궁금하다면 성경을 읽어 보시기를 바랍니다.

17. 성경 저자에 관하여

세계적으로 인기를 끌었던 영화 〈어벤져스〉(Avengers)에는 '아이언맨'이라는 영웅이 등장합니다. 억만장자이자 천재 발명가인 토니 스타크(로버트 다우니 주어니 분)가 세계를 지킬 목적으로 하늘을 날 수 있는 강화 슈트를 만들어 입게 되었는데, 그 슈트를 입은 모습이 아이언맨의 시작이었습니다.

아이언맨에게는 협력자가 있었습니다. 페퍼 포츠(기네스 펠트로 분)라는 여성인데 토니 스타크의 비서로서 모든 활동을 도와줍니다. 심지어 그녀는 아이언맨이 히어로 활동을 할 동안에는 회사의 운영까지 도맡아 할 정도로 지성과 교양이 뛰어난 여성입니다. 아이언맨에게 페퍼 포츠는 없어서는 안 될 아주 중요한 사람이었습니다. 훗날 그녀는 토니 스타크의 여인이 되기도 합니다.

아이언맨이 페퍼 포츠와 협력하여 일하는 것처럼 하나님은 사람과 협력하여 일하기를 원하십니다. 왜 하나님은 사람과 협력하는 걸까요? 물론 하나님은 그분의 전능으로 모든 일을 혼자 도맡아서 완성할 수 있습니다. 하지만 하나님은 사람과 교류하고 소통하는 것을 좋아하십니다. 그래서 사람과 협력하여 일하시기를 원하시는 것입니다.

성경은 하나님이 사람에게 보내 준 언어 기록물입니다. 그런데 하나님은 그 기록물을 직접 저술하지 않고 사람을 통해서 저술되도록 하였습니다. 각 시대의 문화적 상황에 맞추어 다양한 사람들이 성경을 저술하도록 한 것입니다.

따라서 성경에는 저자가 있습니다. 대략 40여 명의 사람들이 성경을 저술하였습니다. 그런데 사람이 저술한 책이 과연 하나님의 계시가 될 수 있는 걸까요? 네, 그렇습니다. 왜냐하면 하나님은 사람들이 성경을 저술하도록 하셨지만, 그 안에 담긴 내용이 모두 하나님의 뜻과 일치하도록 하셨기 때문입니다.

하나님은 성경 저자들에게 불러 주는 내용을 그대로 받아 적는 기계적인 방식을 사용하지 않았습니다. 반대로 저자의 언어, 문체, 스타일 등을 사용하여 문화적인 언어 기록물을 저술하게 했습니다. 그래서 성경을 읽는 독자들은 하나님의 존재를 문화적인 상황 속에서 잘 알 수 있게 되었습니다.

하나님이 기계적인 방식을 사용하지 않은 이유가 무엇일까요? 그 이유는 하나님이 사람에게 자유 의지를 주고 자율적으로 행동하도록 창조했기 때문입니다. 기계적인 방식의 성경 기술은 사람의 자율성을 빼앗는 일이 됩니다. 그리고 만약 기계적인 방식을 사용한다면 성경은 암호화되기 십상이며, 문화적이지 않기 때문에 오히려 사람들이 이해하기 어려울 수 있습니다.

하지만 문제가 발생할 가능성이 생겼습니다. 그것은 성경 저자들이 자칫 잘못된 방향으로 성경을 저술할 수도 있었기 때문입니다.

그래서 하나님은 성경 저자들이 내용상의 심각한 오류를 범할 가능성을 가지고 있으므로, 이것을 방지하기 위해 저자의 스타일과는 다른 경로로 개입을 하였습니다. 이 일을 유신론자들은 하나님의 감동(영감)이라고 표현합니다. 이와 관련된 성경 구절은 다음과 같습니다.

> 먼저 알 것은 성경의 모든 예언은 사사로이 풀 것이 아니니 예언은 언제든지 사람의 뜻으로 낸 것이 아니요 오직 성령[48]의 감동하심을 받은 사람들이 하나님께 받아 말한 것임이라 _베드로후서 1:20-21

> 모든 성경은 하나님의 감동으로 된 것으로 교훈과 책망과 바르게 함과 의로 교육하기에 유익하니 _디모데후서 3:16

성경을 저술하였던 지도자, 왕, 선지자, 사도들은 모두 자신들이 하나님의 감동을 받고 있다는 것을 알았습니다. 그래서 그들은 자신들이 전해 주는 메시지가 단순히 사람의 메시지가 아니라고 주장하였습니다. 성경 저자들은 자신들의 저술이 하나님의 존재에 대한 기록물임을 확신하고 있었습니다.

하나님은 성경을 저술한 성경 저자들에게 감동을 주었고, 성경을 저술할 때 계시의 내용이 잘못 기술되지 않도록 하였습니다. 이 일

---

48 성령은 유신론에서 신의 제3위격입니다.

은 기계적인 일이 아니었으며, 성경 저자 각각의 스타일이 침해받는 일도 아니었습니다. 하나님은 자신의 존재를 계시하는 데 있어서 성경 저자들이 저지를 수 있는 오류나 불합리를 방지했습니다.

이러한 성경 기술 방식을 유기적 영감(organic inspiration)이라고 부릅니다. 신학자인 루이스 벌코프는 다음과 같이 설명합니다.

> 유기적이란 말은 하나님께서 성경의 기록자들을 마치 기록자가 펜을 휘두르듯이 기계적인 방법으로 사용하신 것이 아니며, 그들이 기록하기를 원하셨던 말씀을 그들의 귀에 속삭여 넣으신 것도 아니라, 그들 자신의 내적 존재 법칙에 조화되게 유기적인 방법으로 그들에게 작용하셨다는 사실을 강조한다. 하나님은 그들을 있는 그대로, 그들의 성격과 기질, 은사와 재능, 그들의 교육과 문화, 어휘, 문체, 스탈일 등과 함께 사용하셨다. 그분은 그들을 조명하시고 격려하여 기록하게 하셨으며, 그들의 글쓰는 일에 있어서 죄의 영향을 억누르시고, 그들의 언어를 선택하고 생각을 표현하는 일을 유기적인 방법으로 인도하셨다.[49]

따라서 성경이 사람들에 의해 기록되었음에도 불구하고 하나님의 계시가 될 수 있는 이유는 성경 저자들에게 감동을 준 하나님이 일차적인 성경 저자가 되었기 때문입니다. 즉, 성경은 사람의 기록물

---

49 루이스 벌코프, 『벌코프 조직신학』, 164.

이기 이전에 먼저 하나님이 자신의 뜻을 계시한 기록물이라고 여겨질 수 있는 것입니다.

성경은 수천 년 동안 수많은 사람들이 그 내용을 기록한 방대한 책입니다. 성경은 총 66권의 책으로 구성되어 있으며, 대략 1,200장과 30,000절, 글자 수는 무려 약 3,000,000자로 기록되어 있습니다. 이 엄청난 양의 내용과 함께 수많은 사람들이 저술한 책이 바로 성경입니다. 놀랍게도 성경은 다양한 저자와 방대한 양에도 불구하고 내용이 통일성을 갖추고 있습니다.

어떻게 이러한 일이 가능할까요? 수많은 목격자가 같은 현상을 보았더라도 그 현상을 설명하는 방식에 차이가 있고, 그러한 설명에는 오류가 들어 있게 마련입니다. 하지만 성경에는 그러한 내용상의 오류가 들어 있지 않습니다. 이 역시 하나님이 유기적 영감을 통해 사람이 저술하도록 하였기 때문에 가능한 일입니다.

또한 성경이 하나님의 계시로 여겨지는 이유가 있습니다. 그것은 성경이 위대하다고 일컫는 저자들의 부끄러운 죄를 적나라하게 드러낸다는 점입니다. 만약 성경이 왕의 행적을 기록한 역사책이었다면 위인들의 부끄러운 실태는 감추고, 그들의 위대함만을 부각했을 것입니다. 하지만 성경은 그런 식으로 기술하지 않습니다. 오히려 성경은 사람의 부족함을 가감 없이 드러내며, 동시에 그들을 인도하신 하나님의 주체성을 강조합니다.

성경에는 하나님의 선택을 받은 특정한 사람들이 있습니다. 그런데 그들은 모두 부족한 모습을 보여 주었습니다. 예를 들어, 노아는 만취한 상태로 아들들에게 추한 모습을 드러냈습니다. 아브람은 거짓말을 잘 했습니다. 모세는 사람을 죽이는 죄를 지었습니다. 다윗은 유부녀를 취하고 그녀의 남편을 죽게 만들었습니다. 베드로는 예수 그리스도를 세 번이나 부인했습니다.

이러한 성경 자료는 성경에 나오는 위대하다고 일컫는 사람들이 성경의 주인공이 아니라는 사실을 알려 줍니다. 성경 저자들이 성경을 저술하였지만, 저자를 포함한 그 누구도 성경의 주인공이 아니기 때문입니다. 성경은 사람을 주인공으로 드러내는 책이 아닌, 하나님을 주인공으로 드러내는 계시의 책이기 때문입니다. 그렇기에 성경은 가감 없이 위대한 사람들의 죄까지도 담아내고 있습니다.

성경은 하나님의 감동으로 저술되었고, 이 책의 주인공은 하나님이기 때문에, 계시로서의 완전성을 가지고 있습니다. 하나님은 다양한 계시 중에서 성경을 가장 완전한 계시로 전해 주었습니다. 사람들이 성경을 보고 하나님의 존재를 믿을 수 있게 한 것입니다.

따라서 우리가 성경을 살펴보려고 할 때 가져야 하는 마음가짐이 있습니다. 그것은 성경이 하나님의 계시임을 인정하는 마음입니다. 동일하게 성경을 읽더라도 어떤 사람에게는 성경이 하나님의 뜻을 알려 주는 기록물이 될 수 있는 반면, 어떤 사람에게는 그저 허황된 서술에 불과할 수도 있습니다. 그 차이는 그 사람이 성경을 무엇으로 여기는지에 따라 달라지는 것입니다. 이에 대해 우리는 두 가지의 선택적 갈림길에 직면하게 됩니다.

1. 성경은 신의 계시이기에 그것으로 신을 믿을 수 있다.

2. 성경은 신의 계시가 아니기에 그것으로 신을 믿을 수 없다.

이 두 가지의 진술은 서로 다른 양방향의 믿음을 전제하고 있습니다. 그것은 하나님의 존재와 계시를 인정하느냐 아니냐 하는 것입니다. 이 믿음이 중요한 이유가 있습니다. 왜냐하면 아무리 성경을 수천 번 읽더라도, 성경을 하나님의 계시라고 인정하지 못하는 사람은 성경을 통해 하나님의 존재를 온전하게 알 수 없기 때문입니다.

초기 기독교 교회의 대표적인 교부이자 철학자인 아우구스티누스(Aurelius Augustinus, 354-430)는 말합니다.

> 주님은 나로 하여금 주께서 세상의 거의 모든 민족과 나라에서 그토록 큰 권위를 지니게 하신 성경을 믿는 자들이 잘못된 것이 아니라, 믿지 않는 자들이 잘못된 것임을 깨닫게 해 주셨고, 어떤 사람들이 내게 '너는 도대체 무슨 근거로, 이 성경이 유일하시고 지극히 참되신 하나님의 영으로 말미암아 인류에게 주어진 것이라고 말하는 것이냐'고 말할지라도, 그들의 말에 귀를 기울일 필요가 없다는 것도 깨닫게 해 주셨습니다. 무엇보다도 중요한 것은 믿는 것이었습니다.[50]

이와 같은 아우구스티누스의 말은 하나님을 믿는 것이 하나님을

---

50 아우구스티누스, 『고백록』(고양: CH북스, 2020), 173-174.

아는 것의 전제가 되어야 한다는 의미입니다. 다시 말해 하나님을 알기 위하여 먼저는 하나님을 믿어야 한다는 것입니다. 반대로 하나님을 믿기 위하여 하나님을 알려고 하면 도무지 알 수 없게 된다는 의미입니다.

왜 아는 것은 믿음에 이를 수 없는 것일까요? 그것은 성경이 언어 기록물이라는 한계를 가지고 있기 때문이고, 하나님은 사람의 이성을 초월하여 존재하기 때문입니다. 그렇기에 우리는 아무리 성경을 다 외운다고 하더라도 하나님의 모든 부분을 100% 이해할 수 없으며, 우리가 하나님의 모든 것을 이해한다면 그 존재는 사람의 이해 범주에 갇히기 때문에 초월적 존재로서 하나님이라고 여겨질 수 없게 되는 것입니다.

따라서 우리는 하나님의 존재를 알기 위하여 먼저는 하나님의 존재를 인정하는 믿음을 가져야 합니다. 그 믿음이 선행되었을 때에야 비로소 성경은 우리에게 신의 존재에 대한 앎을 선물해 줍니다. 하나님에 대한 믿음이 곧 하나님을 알게 하는 통로가 되는 것입니다.

이러한 이유 때문에 하나님은 사람들에게 믿음을 강조합니다. 이 믿음은 어떤 면에서는 단순하면서도 어떤 면에서는 단순하지 않습니다. 왜냐하면 이 믿음은 사람의 내면에 존재하며 그 실체를 분명하게 정의할 수 없기 때문입니다. 하지만 실체가 없다고 해서 직관적으로 느껴지지 않는 것은 아닙니다. 우리는 분명 하나님에 대한 믿음을 파악할 수 있습니다. 그리고 그 믿음을 통하여 하나님을 알아 갈 수 있습니다.

초월적 존재를 안다는 것은 초월적인 일입니다. 반면 성경은 초월적인 기록물이 아닙니다. 초월적 존재와 초월적이지 않은 기록물에 대한 간격을 메울 수 있는 길이 바로 '믿음'입니다. 만약 그 사실을 받아들일 수 있다면, 지금 이 순간 하나님의 존재를 믿어 보시기 바랍니다. 그리고 그 믿음을 토대로 성경을 하나씩 읽어 보시기 바랍니다.

사람은 아주 멀리서 꽃을 감상할 때 그 아름다움을 볼 수 있지만, 꽃이 가지고 있는 향기를 맡을 수는 없습니다. 우리가 꽃이 가지고 있는 향기를 맡으려면 꽃에게 다가가야 합니다. 우리가 다가가는 만큼 꽃은 더 풍성한 향기를 우리에게 선물해 주기 때문입니다.

여러분이 하나님의 존재를 향해 마음을 열고 그 존재에게로 가까이 다가갈 수 있다면, 여러분은 신으로부터 더 깊은 앎을 선물로 받게 될 것입니다. 앎이란 단순히 지식의 차원을 넘어선 쌍방이 소통하는 관계이기 때문입니다. 그저 멀리서 하나님의 존재를 관망하는 사람은 고작 그 정도의 하나님을 알 수 있게 됩니다. 하지만 하나님의 존재에 깊숙하게 빠져드는 사람은 분명 신의 존재의 깊이가 무엇인지를 경험하게 될 것입니다. 이러한 하나님의 존재와 그 존재에 대한 개인적인 느낌을 어느 성경 저자는 이렇게 표현했습니다.

주의 말씀의 맛이 내게 어찌 그리 단지요 내 입에 꿀보다 더 다니이다

_시편 119:103

18. 성경 원본에 관하여

결혼식을 준비하는 예비 신랑과 신부는 턱시도와 웨딩드레스를 입은 자신의 아름다운 모습을 사진 앨범으로 남깁니다. 예비 신랑과 신부는 아침에 일찍 일어나 메이크업을 받고, 스튜디오에서 촬영을 시작합니다. 짧게는 2시간에서 길게는 8시간까지 촬영을 이어 갑니다. 긴 시간에도 불구하고 평생 간직할 최고의 사진을 남기기 위해 예비 신랑과 신부는 무척이나 애를 씁니다.

모든 것을 다 쏟아 낸 촬영이 끝나면 받게 되는 것이 있는데, 바로 사진 원본입니다. 사진 원본은 아무런 보정을 하지 않은 상태로 수많은 사진을 모아 놓은 것을 말합니다. 그런데 상황에 따라서는 사진 원본을 받지 않고, 수정본만을 받는 사람들도 있습니다. 왜냐하면 결국 앨범에 들어가게 되는 사진은 수정본이기 때문입니다.

이렇게 웨딩 사진에 사진 원본과 수정본이 있는 것처럼, 성경에도 성경 원본과 사본이 있습니다. 성경 원본은 성경 저자들이 최초로 남긴 기록물을 말하고, 사본은 이후에 다른 사람이 원본의 내용을 베껴 쓴 것을 말합니다.

그런데 성경에 대해 의심스러운 사실이 하나 있습니다. 그것은 현재 성경 원본이 존재하지 않는다는 사실입니다. 정말 일까요? 네, 그렇습니다. 안타깝게도 현재 성경 원본은 전해지지 않고 있습니다. 그렇다면 우리는 어떻게 성경을 권위 있는 하나님의 계시로 신뢰할 수 있을까요?

『예수는 역사다』(*The Case for Christ*)를 쓴 리 스트로벨(Lee Strobel)은 메쯔거(Bruce Manning Metzger, 1914-2007) 교수와의 인터뷰에서 성경 원본에 관한 질문을 했습니다. 원본이 없다면 그 기록의 신뢰성에 문제가 생길 것이라고 판단했기 때문입니다. 이에 대해 메쯔거 교수는 다른 고대의 책들과 비교를 했을 때, 상대적으로 성경의 사본이 너무나 많기 때문에 원본이 없다고 해도 진실이 가려지는 것은 아니라고 답했습니다.

> 성경의 사본은 무려 5,000개 이상의 목록이 있습니다. 반면 역사가 타키투스가 쓴 '로마 제국의 역사'의 경우 오늘날 하나의 사본밖에는 없고, 역사가 요세푸스가 쓴 '유대인의 전쟁'은 아홉 개의 사본뿐입니다. 성경 다음으로 많은 사본을 가진 책은 호머의 '일리아드'인데, 이 책의 사본은 650개뿐입니다. 이렇게 적은 수의 역사 기록물과 비교했을 때, 성경의 사본이 5,000개 이상이라는 사실은 성경의 역사성에 대한 분명한 증거가 된다고 볼 수 있습니다.[51]

---

51 리 스트로벨, 『예수는 역사다』(서울: 두란노서원, 2020), 75-77.

이렇듯 수많은 사본이 대조되고 편집되어 지금 현대의 성경이 만들어졌습니다. 비록 우리가 가진 성경은 원본이 아니지만, 수많은 사본을 통해서 내용상의 중대한 오류나 훼손 없이 전해진 것이라는 결론을 내릴 수 있습니다. 비록 성경 원본이 없어도, 수많은 사본이 대조되었다는 것만으로도 그 내용상의 역사성과 사실성을 충분히 인정할 수 있는 것입니다.

하나님은 성경이라는 언어 기록물을 통해 자신의 존재를 계시하길 원하셨고, 그 일을 하나님의 감동을 받은 성경 저자들이 각자의 문화에 따라 기술하도록 하셨습니다. 그리고 완성된 성경은 수많은 사람에 의해서 다시 기록되었고, 그 사본들이 지금 현대인이 가지고 있는 성경으로 재구성된 것입니다.

하나님은 성경을 통해 자신의 존재를 계시하기 위해 수많은 사본을 보존하고 유지하였습니다. 그리고 그 사본들이 성경이라는 기록물로 전해지도록 섭리하셨습니다. 만약 이 모든 일이 하나님의 보존과 섭리라는 사실을 믿는다면, 우리는 의심 없이 성경을 완전한 하나님의 계시로 받아들일 수 있게 됩니다.

그런데 한 가지 의문이 생깁니다. 왜 하나님은 성경의 원본이 아닌, 수많은 사본들만 전해지도록 하신 것일까요? 원본이 전해지면 사람들이 더 확실하게 성경의 권위를 인정할 텐데 말입니다. 하나님은 왜 그렇게 하지 않으신 걸까요? 이에 대해 우리는 만약 이 시대에 성경 원본이 존재한다면 어떤 상황이 될 것인지를 상상해 봄으로써 그 답을 파악할 수 있습니다.

만약 성경 원본이 지금까지 남아 있다면 성경의 권위를 더 확실하게 인정하게 될까요? 아마 그럴 것입니다. 왜냐하면 원본은 그 가치가 역사적으로 충분히 인정되기 때문입니다. 사람들은 성경 원본을 토대로 신의 계시에 대한 역사성을 추호도 의심하지 않고 받아들이게 될 것입니다.

그러나 심각한 부작용이 생길 수 있습니다. 만약 성경 원본이 지금까지 남아 있게 된다면, 사람들은 그 원본을 떠받들고 찬양하게 될 것입니다. 왜냐하면 성경 원본의 가치는 인류학적으로나 문화유산으로서, 혹은 자본주의적으로 상상을 초월할 것이기 때문입니다. 이에 따라 성경의 원본을 둘러싼 사건 사고도 많이 일어나게 될 것입니다. 그리고 일부의 사람들은 성경 원본 자체를 하나님의 현현이라고 추앙하는 세력도 등장하게 될 것입니다.

성경 원본이 있다면 장점이 클까요? 부작용이 클까요? 아마도 부작용이 더 클 것입니다. 왜냐하면 모든 사람은 욕심과 이기심이 있기 때문입니다. 인류의 역사와 사상은 사람이 가진 욕심에 따라 흘러왔습니다. 만약 성경 원본이 있었다면 그것은 사람의 욕심에 불을 지르는 원동력이 되었을 것이 분명합니다.

하나님은 이런 저런 이유로 성경 원본을 인류가 가질 수 없게 하셨습니다. 사람의 타락과 죄가 어떻게 발현되는지 하나님은 정확하게 알고 있기 때문입니다. 그렇지만 하나님은 성경 원본 대신 5,000개가 넘는 수많은 사본을 허락해 주셨습니다. 그 사본들로 인하여 성경이 완전한 하나님의 계시로서 역할을 할 수 있다는 역사성을 확증해 주셨습니다.

　수많은 사본으로 인해 역사성을 검증받은 성경은 하나님의 계시로서 많은 사람들에게 읽혀지고 있습니다. 사람들은 성경을 통하여 하나님을 알게 되기도 하고, 그분의 뜻이 무엇인지를 발견하기도 하고, 이에 따라 자신의 삶의 방향을 바꾸기도 합니다. 전 세계적으로 가장 많은 영향력을 끼친 책을 꼽자면 이는 단연 성경이 될 것입니다.

　그런데 성경을 읽는 사람들은 다양하며 각자의 기준으로 성경을 읽고 자의적으로 해석합니다. 그리고 해석상의 심각한 차이가 발생하기도 합니다. 그래서 어떤 사람들은 성경에 계시된 하나님의 존재를 이상한 형태로 받아들이기도 합니다. 여기에서 '이상한 형태'라는 표현은 언어와 문맥에 따르지 않고 전혀 연관성이 없는 상징으로 이해하는 것을 말합니다. 성경을 이러한 그릇된 상징으로 받아들이게 되면 자칫 '이단'에 빠질 수 있습니다.

　이단이란, 전통적인 교리에 반대되는 주장을 하는 집단을 의미합니다. 이들은 전통보다는 자기 집단이 해석하는 해석 방식에 더 큰 권위를 둡니다. 그리하여 원래 성경이 가진 뜻을 전혀 다른 뜻으로 바꾸어 버립니다. 그리고 그러한 자신들의 해석을 믿도록 강요합니다.

　예를 들어, 성경의 시작은 '태초에 하나님이 천지를 창조하시니라'라는 문장으로 되어 있습니다. 이 문장은 하나님이 처음 온 세상을 창조하였다는 완전한 진술입니다. 그러나 이러한 분명하고 정확한 의미를 버리고, 일부 단어를 상징적으로 해석한다면 전혀 다른 의미의 진술이 나올 수도 있습니다. 만약에 '하나님'을 현존하는 교

주나 수령이라고 해석한다면, 이 문장은 창조자, 스스로 있는 자, 전능하신 자, 거룩하신 자, 사랑하는 자, 구원자로서의 하나님의 계시가 될 수 없습니다.

그런데 왜 이렇게 완전한 하나님의 계시라고 불리는 성경이 다양한 해석을 낳게 되는 걸까요? 그것은 성경이 언어 기록물이기 때문입니다. 언어는 완전한 것이 아닙니다. 그것은 다양한 해석 방식을 가지고 있고, 그에 따라 다양한 의미를 내포하고 있습니다. 만약 그렇다면 언어로 된 성경은 해석상의 차이로 인해 하나님을 분명하게 계시할 수는 없는 것이 아닐까요?

성경은 언어 기록물로 되어 있기 때문에 해석상의 차이를 발생시킵니다. 하지만 그것이 계시의 내용을 뒤바꾸지는 않습니다. 왜냐하면 사람에게는 하나님이 심어 놓은 '자연법칙'이 있고, '종교의 씨앗'이 있기 때문입니다. 사람은 자신이 가지고 있는 인식으로 분명하고 정확하게 성경이 말하는 하나님의 계시를 이해할 수 있습니다.

다만 이단들은 사람이 본래적으로 가지고 있는 인식의 작용을 바꾸어 버립니다. 그들은 성경을 아무나 이해할 수 없고, 특별한 사람만이 그것을 풀어낼 수 있으며, 그 특별한 사람의 도움으로 이해해야 한다고 주장합니다. 그런데 이렇게 성경을 특별하게 풀어내는 사람은 대부분 이단의 교주입니다.

성경은 언어와 문맥에 합당한 해석을 요구합니다. 왜냐하면 하나님이 사람을 언어와 문맥을 인식을 할 수 있는 존재로 창조하셨기 때문입니다. 하나님은 성경을 암호로 전달하시지 않았습니다. 성경은 누군가가 암호를 풀어내야만 이해할 수 있는 책이 아닙니다. 성경은 사람이 가진 인식의 범주 내에서 충분히 하나님의 존재와 신의 뜻을 알 수 있게 합니다. 이것은 앞서 언급한 '성경의 명료성'입니다. 하나님이 성경을 계시의 선물로 주었다면 그것을 굳이 꽁꽁 숨겨서 사람이 도무지 풀지 못하도록 할 필요는 없을 것입니다.

성경이 비록 해석상의 문제로 인하여 많은 교리적 차이를 가지고 있지만, 그렇다고 할지라도 하나님이 계시의 방식을 언어 기록물로 선택한 것은 합당하다고 여겨집니다. 왜냐하면 언어는 장점이 너무나 많기 때문입니다. 일단은 사람의 인식에 있어서 가장 탁월한 수단이 언어입니다. 그리고 언어는 쉽게 바뀌지 않습니다. 아울러 언어는 이성적으로뿐만 아니라 감성적으로도 사람에게 영향을 줍니다.

사람은 성경을 통하여 하나님의 존재를 인식할 뿐만 아니라 경험할 수 있습니다. 여기에서 경험이라 함은 좁게는 하나님의 마음을 깨달아 아는 것이고, 넓게는 그분이 세상에서 일으키시는 역사에 참여하게 된다는 의미입니다.

놀랍게도 성경은 모두 과거에 기록된 기록물이지만, 그것은 오늘날에도 여전히 신적 능력을 일으키고 있습니다. 하나님은 성경을 통해 자신의 능력을 드러내기를 원하시기 때문입니다. 이와 관련한 성경 구절은 다음과 같습니다.

이러므로 우리가 하나님께 끊임없이 감사함은 너희가 우리에게 들은 바 하나님의 말씀을 받을 때에 사람의 말로 받지 아니하고 하나님의 말씀으로 받음이니 진실로 그러하도다 이 말씀이 또한 너희 믿는 자 가운데에서 역사하느니라 _데살로니가전서 2:13

하나님의 계시인 성경은 믿는 자들의 삶 속에 역사를 일으킵니다. 성경에 나오는 하나님의 존재를 경험한 모든 사람들이 그분의 말씀에 귀를 기울였던 이유가 바로 여기에 있습니다. 그들은 하나님의 존재를 경험적으로 인지했는데, 그것은 그분의 말씀이 실행되고 있다는 실제적인 경험에서 비롯된 것이었습니다.

하나님은 모든 세상을 창조할 때, 말씀으로 그 모든 것을 발생시켰습니다. 그리고 심지어 신의 두 번째 위격인 예수 그리스도는 그 존재가 말씀이라고 선포하기도 합니다. 이는 하나님의 존재와 말씀이라는 언어가 불가분의 관계에 있음을 보여 준다고 볼 수 있습니다.

따라서 하나님의 능력을 경험하고자 하는 사람들은 반드시 두 가지를 기억해야 합니다. 하나님의 계시인 성경 말씀을 믿어야 하고, 그 말씀을 믿는 믿음을 가지고 하나님께 간구해야 합니다. 즉, 말씀과 기도가 하나님의 능력을 경험하는 열쇠입니다.

만약 여러분이 하나님의 능력을 경험하길 원하신다면 이 두 가지를 꼭 기억하면 좋겠습니다. 말씀과 기도를 통하여 하나님의 능력을 경험할 수 있다는 사실을 마음에 새기길 바랍니다. 그리고 실제로 말씀을 읽고 묵상하며 기도하는 행동을 해 보았으면 좋겠습니다.

하나님은 성경으로 자신을 계시하였습니다. 그리고 그 성경을 읽고 그 말씀을 믿는 사람들에게 자신의 존재를 경험하도록 하길 원하고 있습니다. 물론 하나님은 인격적이며 주체적이기에 아무나에게 자신의 존재를 경험하게 하시지는 않을 것입니다. 하지만 그분은 자신의 존재를 간절히 찾는 자에게 분명 자신의 존재를 직접적으로 경험하게 해 주실 것입니다.

구하라 그리하면 너희에게 주실 것이요 찾으라 그리하면 찾아낼 것이요 문을 두드리라 그리하면 너희에게 열릴 것이니 구하는 이마다 받을 것이요 찾는 이는 찾아낼 것이요 두드리는 이에게는 열릴 것이니라 _ 마태복음 7:7-8

19. 성취에 관하여

르네상스 시대에 유명한 예언가가 있었습니다. 그의 이름은 노스트라다무스(Nostradamus, 1503-1566)였습니다. 그는 프랑스 왕정의 정치 고문을 맡으면서 해마다 운세에 대한 책을 썼습니다. 그의 책들은 수많은 판매고를 올렸고 그는 인류 역사상 최고의 예언가가 되었습니다. 그 책 속에는 프랑스 혁명, 나폴레옹(Napoléon Bonaparte, 1769-1821), 히틀러(Adolf Hitler, 1889-1945)의 등장, 9 · 11테러 등의 예언이 있다고 알려져 있습니다.

그런데 이런 노스트라다무스가 엉터리 예언가라는 주장이 제기되었습니다. 미국의 학자 폴 웨이드(Paul Wade)는 노스트라다무스가 점성술을 제대로 배우지 못한 '엉터리 예언가'라고 주장했습니다. 폴 웨이드에 따르면 노스트라다무스는 예언의 기본이 되는 천궁도 제대로 그리지 못했다고 합니다. 그리고 다른 연구가들에 의하면 그의 예언 중 70% 정도가 표절이었으며, 대부분의 예언이 모호한 표현이었다고 합니다.[52]

---

52 김보희, "'서프라이즈' 지상 최고의 예언가 노스트라다무스 '희대의 사기꾼?'", 『한경뉴스』 2012년 10월 21일, https://www.hankyung.com/news/article/201210211907q

하나님의 계시인 성경에도 수많은 예언들이 있습니다. 대표적으로 구약 시대의 여러 선지자들의 예언입니다. 그런데 정말 성경에 기록된 예언이 사실일까요? 혹시 노스트라다무스처럼 엉터리라고 여겨지지는 않을까요?

예수 그리스도의 삶에는 특이한 점이 있습니다. 그것은 그의 삶이 구약 성경에 기록된 예언을 성취하기 위한 삶이었다는 점입니다. 성취란 목적한 바를 이루었다는 뜻을 가진 단어입니다. 구약 성경에 기록된 예언은 예수 그리스도를 통해 성취되었으며, 예수 그리스도는 마지막 죽는 순간에 자신과 관련된 예언을 다 이루었다고 말하였습니다.

예수 그리스도의 성취를 가장 명확하게 드러낸 구약 성경 구절은 이사야 53장 3~5절입니다. 입니다. 이 기록은 예수 그리스도가 십자가에 죽기 약 700년 전에 이사야가 예언한 구절로서 예수 그리스도의 십자가를 선명하게 보여 주고 있습니다. 이에 대한 내용은 다음과 같습니다.

그는 멸시를 받아 사람들에게 버림 받았으며 간고를 많이 겪었으며 질고를 아는 자라 마치 사람들이 그에게서 얼굴을 가리는 것 같이 멸시를 당하였고 우리도 그를 귀히 여기지 아니하였도다 그는 실로 우리의 질고를 지고 우리의 슬픔을 당하였거늘 우리는 생각하기를 그는 징벌을 받아 하나님께 맞으며 고난을 당한다 하였노라 그가 찔림은 우리의 허물 때문이요 그가 상함은 우리의 죄악 때문이라 그가 징계를 받으므

로 우리는 평화를 누리고 그가 채찍에 맞으므로 우리는 나음을 받았도

다 _이사야 53:3-5

　성경에는 다양한 예언들이 기록되어 있습니다. 그리고 그 예언들
이 각자의 방식으로 우리가 살아가는 역사 속에서 성취되었습니다.
이러한 성경 말씀에 대한 성취는 우리에게 신의 존재가 역사 속에서
도 실재하고 있음을 확인하게 해 줍니다.

　예수 그리스도의 탄생은 베들레헴에서 있었습니다. 그리고 예수
그리스도의 출생의 방식은 처녀가 잉태하는 것이었습니다. 또한 그
는 다윗의 가문에서 왕으로 탄생하였습니다. 이러한 사실들은 모두
구약 성경의 예언대로 이루어진 것입니다. 우리는 이러한 예언의 내
용을 아래의 구절을 통해 확인할 수 있습니다.

베들레헴 에브라다야 너는 유다 족속 중에 작을지라도 이스라엘을 다

스릴 자가 네게서 내게로 나올 것이라 그의 근본은 상고에, 영원에 있

느니라 _미가 5:2

그러므로 주께서 친히 징조를 너희에게 주실 것이라 보라 처녀가 잉

태하여 아들을 낳을 것이요 그의 이름을 임마누엘이라 하리라 _이사야

7:14

이는 한 아기가 우리에게 났고 한 아들을 우리에게 주신 바 되었는데

그의 어깨에는 정사를 메었고 그의 이름은 기묘자라, 모사라, 전능하
신 하나님이라, 영존하시는 아버지라, 평강의 왕이라 할 것임이라 그
정사와 평강의 더함이 무궁하며 또 다윗의 왕좌와 그의 나라에 군림
하여 그 나라를 굳게 세우고 지금 이후로 영원히 정의와 공의로 그것
을 보존하실 것이라 만군의 여호와의 열심이 이를 이루시리라 _이사야
9:6-7

만일 성경의 예언이 실제 역사 속에서 성취되지 않는다면 성경을
하나님의 계시로 인정할 수 있을까요? 성취가 없다면 성경도 하나
님도 인정할 수 없고, 믿을 수도 없을 것입니다. 그리고 성경을 하
나님의 계시로 받아들일 수도 없을 것입니다.

하지만 만일 성경의 예언이 역사 속에서 성취되고 있다면 어떨까
요? 그렇다면 우리는 하나님의 존재를 믿을 수 있고, 성경을 신의
계시로 받아들일 수 있습니다. 왜냐하면 그 모든 성취가 역사적 증
거가 되기 때문입니다. 그렇다면 성경의 예언은 정말 성취되고 있을
까요?

지금까지의 역사는 성경의 모든 예언이 성취되었음을 증명하고
있습니다. 성경이 성취한 예언은 무려 2,000개나 된다고 합니다. 그
리고 아직 성취되지 않은 것은 모두 미래에 성취될 예언이라고 합니
다. 따라서 우리는 성경의 예언이 성취되고 있음을 증거로 성경이
하나님의 계시인 것을 받아들일 수 있게 됩니다.

하지만 어떤 사람은 성경의 예언이 성취된 것을 단순한 우연이라

고 여기기도 합니다. 그들은 긴 시간 동안에 있었던 수많은 사건들 속에서 성경 학자들이 예언의 성취를 조작했다고 생각합니다. 마치 구슬 꿰기처럼 예언과 성취를 연결했다는 것입니다. 과연 성경의 예언은 조작된 것일까요? 아니면 성취된 것일까요?

1. 유신론의 신이 계시한 성경의 예언은 역사적으로 성취된다.
2. 유신론의 신이 계시한 성경의 예언은 역사적 성취와는 관련이 없다.

만약 하나님의 존재와 성경을 거부하려고 한다면, 성경의 예언이 성취가 되는지, 그렇지 않은지를 면밀하게 검토해 보고 그 진위 여부를 확인할 수 있습니다. 만약 성경의 예언이 역사적으로 성취되지 않는다면 성경은 하나님의 계시일 수 없고, 하나님의 존재에 대한 믿음도 허구라는 판명이 날 것입니다.

무신론자였던 리 스트로벨은 이와 같은 검토의 과정을 통해서 하나님의 존재를 부정하려고 했습니다. 기자 출신인 그는 여러 검증의 방법을 동원하여 신의 존재에 대한 믿음이 허구임을 증명하려고 했습니다. 하지만 그는 마침내 모든 검토를 마친 후에 성경과 하나님의 존재를 인정하게 되었습니다. 그리고 자신의 믿음을 바꾸게 되었습니다. 무신론자에서 유신론자로 변하게 된 것입니다.

성경의 예언은 지금까지 성취되어 왔고, 성취되고 있으며, 앞으로도 성취될 것입니다. 왜냐하면 하나님이 성경의 계시를 역사적으로 완성하고 있기 때문입니다. 하나님은 성경 말씀에 예언한 내용을 신실하게 이루는 분입니다. 그분은 변함없이 약속을 이루는 존재입니다.

> 온 땅은 여호와를 두려워하며 세상의 모든 거민들은 그를 경외할지어다 그가 말씀하시매 이루어졌으며 명령하시매 견고히 섰도다 _시편 33:8-9

하나님이 스스로 계시한 예언을 성취하는 역사의 흐름을 구속사라고 합니다. 구속사라는 단어에서 역사의 중심에 구원이 있는 이유는 구원에 관한 예언의 성취가 성경 전체에서 가장 중요한 비중을 차지하기 때문입니다.

하나님을 믿는 사람들은 이러한 구속사를 믿습니다. 하나님이 역사를 주관하시고 보존하시고 통치하신다고 여깁니다. 그래서 모든 역사의 흐름은 하나님으로부터 출발하고 그분으로부터 끝난다고 여깁니다. 하나님의 존재에 대한 확실성은 그 존재가 역사적으로 모든 계시의 말씀을 성취한다는 데에서 그 근거를 찾을 수 있다고 여깁니다.

그런데 궁금한 점이 있습니다. 왜 하나님은 단번에 자신의 뜻을 이루시지 않고, 역사라는 시간의 흐름 속에서 예언을 성취하시는 걸까요? 그것은 하나님께서 역사와 시간의 흐름을 주체적으로 사용하시기 때문입니다. 하나님은 사람에 대한 대단한 관심이 있으십니다. 그 관심을 우리는 사랑이라고 부릅니다. 사람의 존재에 대한 하나님의 사랑은 우리가 속한 시간과 공간, 그리고 역사 속에서 그분의 뜻이 성취되는 것으로 증명됩니다.

만약 하나님께서 자신의 뜻을 단번에 이루어 버리신다면, 분명 누군가에게는 기쁜 일이 될지 모르겠지만, 누군가에게는 이루 말할 수 없는 슬픔이 될 수도 있습니다. 예를 들어 세상에는 지금 당장 죽어도 여한이 없는 사람도 있지만, 아직 자신과 주변의 사람들이 구원을 받기 위해 기다림의 시간이 필요한 경우도 있을 수 있습니다. 전자에 속한 사람은 하나님의 뜻이 당장에 성취되기를 바라지만, 후자의 경우는 하나님의 기다림과 시간을 필요로 하기도 합니다. 이에 대해서 하나님은 후자의 사람들을 위해 하루가 천 년같이 기다림의 시간을 가지고 계십니다.

사랑하는 자들아 주께는 하루가 천 년 같고 천 년이 하루 같다는 이 한 가지를 잊지 말라 _베드로후서 3:8

하나님의 기다림이란 시간과 공간 속에서 이루어지는 일입니다. 물론 하나님은 시간과 공간을 초월한 존재입니다. 하지만 그 존재는 사람을 위해 시간과 공간에 침투합니다. 그것이 이신론과 유신론의 차이입니다. 하나님은 시간과 공간에 침투하셔서 사람과 인격적인 소통을 이루어 내십니다. 그리고 사람에게 변화될 수 있는 시간을 허락하십니다. 하나님을 선택하고, 그분을 알아 가고, 그로 인하여 자신의 삶이 바뀌게 되는 모든 인생의 과정을 허락하시는 것입니다.

하나님은 기다림을 통하여 그분의 자애로운 사랑을 드러내십니다. 물론 이 기다림의 사랑은 누군가에게는 힘든 시간이 될 수도 있습니다. 하지만 인류 전체를 놓고 볼 때, 이 기다림의 사랑은 아주 필수 불가결한 시간이라고 볼 수 있습니다.

하지만 기다림에 끝이 없는 것은 아닙니다. 분명 기다림의 시간은 마지막 때를 향해 가고 있습니다. 마침내 하나님은 자신의 뜻을 세상에 이루어 낼 것입니다. 모든 성경의 예언이 성취되는 날, 마지막 최종 성취의 모습을 세상에 나타낼 것입니다. 우리는 그 모습을 직관적으로 추론할 수 있습니다. 그것은 바로 '천국'입니다.

하나님을 인정하는 사람은 그분이 완성하는 천국에 대한 기대가 있습니다. 왜냐하면 그것은 하나님께서 주시는 가장 완전한 최종적인 선물이기 때문입니다. 마침내 모든 것을 제자리에 돌려놓고, 모든 잘못된 것들을 바로 잡는 상태, 이로써 모든 것이 마침내 성취되는 순간, 그 모든 일은 '천국'에서 이루어질 것입니다.

기대라는 말은 어떤 일이 원하는 대로 이루어지기를 바라면서 기다린다는 사전적 정의를 가지고 있습니다. 따라서 기대한다는 것은 직접적이기보다는 추상적이며, 감각적이기보다는 직관적입니다. 왜냐하면 기대라는 실체는 아직 눈에 보이지 않는 것이기 때문입니다.

하지만 무언가를 기대하는 것은 우리 삶의 원리를 바꾸어 놓습니다. 그리고 기대는 사람에게 희망을 전달합니다. 이것만으로도 기대하는 행위는 가히 말할 수 없는 큰 장점을 지닌다고 볼 수 있습니다. 하지만 기대가 현실이 된다면 이보다 더 좋을 것입니다.

하나님은 기대를 현실로 바꾸어 내십니다. 왜냐하면 하나님의 존재는 기대와 현실을 한 곳에서 동일하게 꿰뚫어 관망하는 전능한 자이기 때문입니다. 따라서 하나님의 말씀은 곧 성취를 내포한다고 볼 수 있습니다. 그것은 우연히 성취되지 않습니다. 반드시 성취됩니다. 어설프게 성취되지도 않습니다. 정확하게 성취됩니다. 그것은 그저 위안뿐인 기대가 아닙니다. 실제적으로 현실적으로 이루어지는 기대입니다.

> 너희 안에 착한 일을 시작하신 이가 그리스도 예수의 날까지 이루실
> 줄을 우리는 확신하노라 _빌립보서 1:6

여러분이 가지고 있는 기대는 변함이 없나요? 반드시 이루어질 것인가요? 만약 그렇지 않다면, 여러분의 바람을 하나님께 맡겨 보시길 바랍니다. 하나님은 여러분이 가진 기대를 가장 완전하게 성취하는 존재이시기 때문입니다.

하나님은 여러분에게 있어서 가장 멋진 일이 무엇인지를 알고 계십니다. 그 일은 여러분의 삶에 크나큰 활력이 될 것입니다. 이것은 정말 멋진 일입니다. 그리고 너무나 놀라운 일입니다. 단지 여러분은 하나님의 존재를 믿고 그분께 나아가기만 하면 됩니다. 그렇게 한다면 하나님은 여러분의 삶 속에서 가장 멋지고 놀라운 일들을 이루실 것입니다.

20. 경험에 관하여

　성경은 하나님의 계시이고, 계시는 사람의 인생 속에서 성취됩니다. 그렇기에 세상에는 계시를 경험적으로 체험한 사람들이 있습니다. 다만, 계시를 경험적으로 체험하는 일은 일반적인 사건이 아닙니다. 그것은 개인적이며 개별적인 일입니다. 따라서 어떤 사람이 체험한 개인적인 경험을 일반화하는 것은 바르지 않을 수 있습니다.

　하지만 계시에 대한 경험을 개인적인 일로 인정할 수 있는 지혜가 있다면, 누군가의 경험은 또 다른 누군가에게 깨달음을 얻는 방편이 될 수도 있습니다. 제가 앞으로 소개할 세 사람은 개인적인 회심을 경험한 사람들입니다. 이들은 자신의 삶에서 하나님의 계시를 경험했고, 그것을 다른 많은 사람들에게 이야기하거나 글로 남긴 사람들입니다. 이들의 이야기를 통해 신의 계시가 어떻게 삶에서 경험되는지를 살펴보겠습니다.

　소설가이자 철학자로서 널리 알려진 C. S. 루이스는 무신론에서 유신론으로 신념을 바꾼 대표적인 사람입니다. 그는 자신의 신념이 바뀌게 된 과정을 『예기치 못한 기쁨』(Surprised by Joy)에서 다음과 같이 서술했습니다.

진짜 무서운 사실은 하나님 내지는 내가 말한 바 영 같은 존재를 진지하게 믿는 즉시 완전히 새로운 상황이 전개된다는 데 있었다. 에스겔의 해골 골짜기에서 마른 뼈들이 움직여 서로 들어맞아 벌떡 일어섰듯이, 지적인 장난 거리에 불과했던 철학 이론이 울룩불룩 움직이기 시작하더니 수의를 벗어던지고 벌떡 일어나 산 존재가 되어 버렸다. 나는 더 이상 철학을 가지고 놀 수 없게 되었다. 내 말처럼, 내가 명명한 '영'은 어떤 점에서 '통속 종교의 하나님'과 차이가 있을 수 있었다. 나의 맞수는 그 점을 당분간 묵인해 주셨다. 그것은 중요치 않은 문제였다. 그는 그 점에 대해 논쟁하려 들지 않으셨다. 다만 이렇게 말씀하셨을 뿐이다. '나는 주다.' '나는 나다.' '나다.' 천성적으로 종교적인 사람들은 이런 계시가 얼마나 큰 공포로 다가오는지 모를 것이다 … (중략) … 모들린의 방에 혼자 있을 때, 일만 잠시 놓으면 그토록 피하고 싶어 했던 그분이 꾸준히, 한 치의 양보도 없이 다가오시는 것을 밤마다 느껴야 했던 내 처지를 상상해 보기 바란다. 내가 너무나도 두려워했던 그 일이 마침내 일어나고야 말았다. 1929년 여름 학기에 나는 드디어 항복했고, 하나님이 하나님이라는 사실을 인정했으며, 무릎을 꿇고 기도했다.[53]

무신론자가 유신론자가 되는 일은 기적에 가깝습니다. 왜냐하면 이 두 가지의 세계관은 서로에 대해서 적대적이며 평행선을 긋고 있

---

53 C. S. 루이스, 『예기치 못한 기쁨』(서울: 홍성사, 2021), 325-328.

기 때문입니다. 하지만 C. S. 루이스에게 있어서 무신론과 유신론은 위대한 접촉점이 있었습니다. 그것은 바로 '철학'이었습니다. 철학이란, 사전적으로 인간과 세계에 대한 근본 원리와 삶의 본질 따위를 연구하는 학문입니다. 그렇기에 우리는 철학이 '원리'나 '본질'에 집중한다는 사실을 깨닫게 됩니다.

C. S. 루이스는 누구보다 '원리'나 '본질'에 집중한 사람이었습니다. 그는 모든 것을 이성적으로 생각하고 판단하고 추구하였습니다. 그리고 마침내 유신론이 자신의 모든 이성적 추론에 합당하다는 결론을 내리게 되었습니다.

하나님은 그를 만나 주셨고, 그에게 하나님의 존재에 대한 지식을 허락해 주셨습니다. 회심 이후에 C. S. 루이스는 자신의 모든 지성을 사용하여 하나님의 존재를 변증하는 수많은 책을 저술하였습니다.

아우구스티누스도 특별한 하나님의 계시를 경험했습니다. 이 회심에 대한 이야기는 다음과 같이 전해집니다.

나는 마음으로부터 통회하며 통곡하였습니다. 바로 그때에 옆집에서 들려오는 목소리가 있었는데, 그것이 소년의 것이었는지 소녀의 것이었는지는 알 수 없었지만, 노래 부르는 것처럼 반복해서 들려왔습니다. '집어 들고서 읽어라, 집어 들고서 읽어라' 나는 즉시 정색을 하고서, 아이들이 어떤 놀이를 하면서 그런 노래를 부르는지 곰곰이 생각해 보았지만, 그 어디에서도 그런 노래를 들어 본 기억이 없어서, 하나님이 내게 성경을 펼쳐서 내 눈에 처음으로 들어온 구절을 읽으라고 명하신 것으로 해석할 수밖에 없었기 때문에, 솟구쳐 오르는 눈물을 억누른 채로 자리에서 일어났습니다. … 나는 서둘러서 알리피우스가 앉아 있는 곳으로 되돌아갔는데, 아까 거기에서 일어나 이쪽으로올 때, 사도의 서신들이 적혀 있는 책을 거기에 두고 왔기 때문이었습니다. 나는 그 책을 얼른 집어 들고 아무 데나 펼쳐서, 내 눈에 가장 먼저 들어온 구절을 읽었습니다. '방탕하거나 술 취하지 말며 음란하거나 호색하지 말며 다투거나 시기하지 말고 오직 주 예수 그리스도로옷 입고 정욕을 위하여 육신의 일을 도모하지 말라' 나는 더 이상 읽고싶지도 않았고 읽을 필요도 없었습니다. 그 구절을 다 읽고 나자, 그 즉시 '확신의 빛' 같은 것이 내 마음 속에 부어져서, '의심'의 모든 어둠은사라져 버렸습니다.[54]

정욕으로 인하여 결혼 전에 동거를 하고 혼외 출산까지 경험하였던 아우구스티누스는, 서른한 살에 하나님의 음성을 듣는 경험으로인하여 자신의 삶을 돌이킬 수 있었고, 유신론자로서 새 출발을 단행할 수 있었습니다. 그 후로 그는 자신의 전 생애를 드려서 하나님의 존재를 사랑하고 증언하는 일에 헌신하는 삶을 살았습니다.

신약 성경의 대다수를 기록한 바울(사울)은 부활하여 승천한 예수그리스도를 만나는 특별한 경험을 했습니다. 바울의 회심은 그의

---

[54] 아우구스티누스, 『고백록』, 263-264.

절친한 선교 파트너인 누가가 사도행전에서 다음과 같이 서술했습니다.

> 사울이 길을 가다가 다메섹에 가까이 이르더니 홀연히 하늘로부터 빛
> 이 그를 둘러 비추는지라 땅에 엎드려 들으매 소리가 있어 이르시되
> 사울아 사울아 네가 어찌하여 나를 박해하느냐 하시거늘 대답하되 주
> 여 누구시니이까 이르시되 나는 네가 박해하는 예수라 너는 일어나 시
> 내로 들어가라 네가 행할 것을 네게 이를 자가 있느니라 하시니 같이
> 가던 사람들은 소리만 듣고 아무도 보지 못하여 말을 못하고 서 있더
> 라 사울이 땅에서 일어나 눈은 떴으나 아무 것도 보지 못하고 사람의
> 손에 끌려 다메섹으로 들어가서 사흘 동안 보지 못하고 먹지도 마시지
> 도 아니하니라 _사도행전 9:3-9

바울은 회심 이후 예수 그리스도를 박해하는 사람에서 예수 그리스도를 전하는 사람으로 바뀌게 되었습니다. 그는 평생 선교 여행을 하며 수많은 교회를 세웠습니다. 그리고 하나님의 감동으로 수많은 성경을 저술하게 되었습니다. 바울은 변화된 자신의 존재에 대하여 이렇게 고백했습니다.

> 나는 팔일 만에 할례를 받고 이스라엘 족속이요 베냐민 지파요 히브리
> 인 중의 히브리인이요 율법으로는 바리새인이요 열심으로는 교회를
> 박해하고 율법의 의로는 흠이 없는 자라 그러나 무엇이든지 내게 유익

하던 것을 내가 그리스도를 위하여 다 해로 여길 뿐더러 또한 모든 것을 해로 여김은 내 주 그리스도 예수를 아는 지식이 가장 고상하기 때문이라 내가 그를 위하여 모든 것을 잃어버리고 배설물로 여김은 그리스도를 얻고 그 안에서 발견되려 함이니 _빌립보서 3:5-9

C. S. 루이스, 아우구스티누스, 바울과 같은 회심의 경험은 지극히 개인적인 일인 것은 분명하지만, 독자들에게 하나님의 존재에 대한 적잖은 깨달음을 주기에는 충분합니다. 놀랍게도 지금 우리가 사는 세상에는 수많은 사람들이 회심을 경험하고 있습니다. 그리고 그들은 자신의 삶을 바꾸고, 하나님의 존재에 대한 믿음을 키워 가고 있습니다.

그런데 궁금증을 자극하는 질문이 있습니다. "이러한 경험이 과연 이성적으로 받아들여질 수 있나요?"라는 것입니다. 초자연적인 일을 통해 하나님의 존재를 깨닫게 되었던 이들의 이야기가 진정 사실인지 의문을 가질 수 있습니다.

이에 대해 우리는 '이들의 경험이 거짓말이거나 착각에 불과한 것인가?'라는 질문을 점검해 볼 수 있습니다. 아마 이 글을 읽는 독자라면 위에서 제시한 사람들이 거짓말을 했다고는 생각하지 않을 것입니다. 왜냐하면 이들은 모두 수많은 사람들에게 인정을 받고 있는 존경을 받을 만한 사람들이기 때문입니다. 이들은 객관적인 검증의 잣대를 들이대더라도 거짓말쟁이가 아닙니다. 만약 이들의 말이 거짓이라면 이들이 받은 존경은 물거품에 불과할 것입니다.

그렇다면 경험을 인정하지 않는 자들은 이 일을 단지 착각에 불과하다고 여겨야 할 것입니다. 물론, 착각일 수 있습니다. 그 가능성이 아예 없는 것은 아닙니다. 하지만 착각이라고 하기에는 이들의 주장이 너무나 확고하고 명백합니다. 그리고 이들은 회심을 한 이후에 결코 다시 예전의 자리로 되돌아가지 않았습니다. 만약 이 경험이 착각이라는 의심이 있었다면 이들의 믿음은 모래성에 불과했을 것입니다.

더 놀라운 사실이 있습니다. 그것은 이러한 하나님의 존재에 대한 경험이 단순히 몇몇 사람에게만 나타난 것이 아니라는 점입니다. 수많은 사람들이 하나님의 존재를 경험했고, 지금도 경험하고 있습니다. 그리고 그들은 자신의 삶을 바꾸고 있으며 하나님의 존재를 향한 확고한 믿음을 증언하고 있습니다.

한두 사람의 경험이라고 한다면 착각이라고 말할 수도 있을 것입니다. 하지만 수많은 사람들이 경험한 일을 단순히 착각이라고 매도할 수 있을까요? 그들의 삶이 변화되고 있다는 사실만으로도 이미 경험적 증거는 충분합니다. 이와 같은 신의 존재에 대한 경험으로서 우리는 다음 두 가지의 믿음에 관한 선택에 직면하게 됩니다.

1. 하나님의 존재를 경험한 사람은 존재한다.
2. 하나님의 존재를 경험한 사람은 존재하지 않는다.

하나님의 존재를 경험한 사람은 존재한다는 진술은 그 자체로 하나님의 존재에 대한 믿음을 이성적으로 뒷받침해 주는 증거라고 볼 수 있습니다. 증인의 증언은 법적으로 효력이 있습니다. 사실을 추론하는 데 있어서 증언은 결정적인 역할을 합니다. 그것은 하나님의 존재에 대해서도 마찬가지입니다.

반면 하나님의 존재를 경험한 사람이 존재하지 않는다고 한다면 하나님의 존재는 허상에 불과합니다. 왜냐하면 누구도 경험해 보지 못한 존재는 아무런 효력이 없기 때문입니다. 그것은 마치 우리의 상상 속에서나 그려 볼 수 있는 유니콘이나 불사조에 불과합니다.

우리의 믿음은 하나님의 존재를 경험한 사람의 유무를 확인함에 따라 갈라지게 됩니다. 따라서 우리는 하나님의 존재를 경험한 사람이 있는지, 없는지를 직관적으로 파악해 보아야 합니다. 이것은 증명할 수 없는 영역임에는 틀림없으나, 직관적으로 추론할 수 있는 영역임에도 틀림없습니다.

저는 분명 하나님의 존재를 경험한 사람들이 있다고 믿습니다. 그리고 그들의 진술이 거짓말도 착각도 아니라고 믿습니다. 그러한 사람들의 증언이 너무나도 많고 확실하기 때문입니다. 그리고 하나님의 존재를 위해 목숨을 버리는 자리에까지 나아간 사람들도 있기 때문입니다.

만일 하나님의 존재를 경험한 사람이 없다고 한다면, 이를 주장하는 모든 사람들을 위증자라고 여겨야 합니다. 과연 그럴 수 있나요? 왜 그들은 모두 위증을 한 것일까요? 그들이 위증을 한 배경은 무엇인가요? 만약 우리가 하나님의 존재를 경험한 수많은 사람들이 위증을 한 것이 아니라는 점을 인식한다면, 우리는 그들의 증언을 통해 하나님의 존재에 대한 깨달음을 한 걸음 전진시킬 수 있습니다.

하나님은 사람과 소통하며 교제합니다. 그 존재는 인격입니다. 모든 사람에게는 아닐지라도 그분의 주체적인 뜻에 따라 누군가에게는 자신의 존재를 드러냅니다. 그리고 그 일을 통하여 하나님의 존재를 깨닫게 합니다.

하지만 모든 사람이 눈으로 보아야 하는 것은 아닙니다. 왜냐하면 눈으로 보는 것이 완전한 계시는 아니기 때문입니다. 예수 그리스도는 의심하는 도마에게 자신의 부활한 모습을 만져 보게 하시며 이렇게 말했습니다.

> 예수께서 이르시되 너는 나를 본 고로 믿느냐 보지 못하고 믿는 자들은 복되도다 하시니라 _요한복음 20:29

눈으로 보는 경험은 한 개인에게는 너무나 귀중한 일생일대의 사건입니다. 마치 갓난아기의 탯줄을 자르는 남편이 아버지가 되는 경험처럼 말입니다. 하지만 눈으로 보지 않았어도 분명 하나님의 존재를 믿을 수 있습니다. 갑작스러운 사정으로 탯줄을 자르지는 못했어도 갓난아기가 자신의 아기임을 충분히 믿을 수 있는 것처럼 말입니다.

21. 지혜에 관하여

　지혜는 어디로부터 오는 것일까요? 아마 대부분의 사람들은 지혜의 출처가 사람이라고 생각합니다. 그들은 지혜가 사람의 뇌로부터 출발한다고 여깁니다. 하지만 성경은 그렇게 말하지 않습니다. 지혜는 하나님으로부터 기인한다고 말합니다.

　지혜를 지식적 차원으로만 생각한다면 그것이 사람에게서 온다는 말은 일면 타당합니다. 왜냐하면 사람이 만들어 낸 기술과 문명은 모두 사람으로부터 나온 지혜의 산물이기 때문입니다. 사람은 자신의 능력을 최대로 발휘하여 세상을 살기 좋고 편리하게 바꾸어 가고 있습니다. 마치 사람에게는 불가능이 없어 보일 정도로 말입니다.

　하지만 단순히 지혜를 기술과 문명의 진보로만 보기는 어렵습니다. 왜냐하면 지혜는 양면성이 있기에, 지혜로운 것은 지혜가 부족한 것일 수도 있기 때문입니다. 예를 들어, 우리는 자동차라는 기술로 엄청난 편리함을 가지게 되었습니다. 하지만 자동차를 생산하는 지혜는 교통 혼잡, 소음, 환경 오염, 교통사고 등의 다양한 지혜의 부족을 초래했습니다. 그래서 우리는 지혜를 비교할 때 자동차를 타는 것과 말을 타는 것 중에 어느 것이 더 지혜로운지를 판단하기 힘든 지경에 놓이게 되었습니다.

지혜는 지식과 다릅니다. 지식은 기술과 문명을 발전시키지만, 지혜는 모든 발전을 해석하고 평가합니다. 지식은 폭이 넓고, 지혜는 깊이가 깊습니다. 지식은 층층이 쌓이고, 지혜는 모든 층의 근원에 자리하고 있습니다.

겸손한 사람이라면 지혜의 깊이와 넓이가 얼마나 심오한지를 압니다. 그들은 지혜가 지식과 얼마나 다른지를 압니다. 그래서 그들은 자신의 업적을 오로지 자기 자신에게만 돌리지 않습니다. 왜냐하면 사람이 만들어 낸 지혜가 얼마나 어리석은지를 알고 있기 때문입니다. 그래서 진정 지혜로운 사람은 자신을 낮추는 겸손한 사람입니다.

성경에는 지혜에 관하여 널리 알려진 사람이 등장합니다. '지혜의 왕 솔로몬'입니다. 솔로몬이 지혜의 왕이라고 세상에 알려지게 된 이유는, 그가 판결을 내린 재판에서 기인합니다.

솔로몬이 왕이 되었을 때, 두 여자가 왕에게 나아와 한 아기를 두고 서로 자신의 아기라고 주장했습니다. 그들의 이야기인즉슨, 사흘 간격으로 아기를 낳은 산모 둘이 함께 생활을 하고 있었는데, 밤중에 한 여자가 자기 아기를 깔아뭉개 버려서 질식사했고, 남은 한 아기를 가지고 서로 자기 아기라고 주장하는 상황이었습니다.

사건 현장에는 증인이나 증거가 될 만한 것이 전혀 발견되지 않았습니다. 그렇기에 진실을 판가름하기는 너무나 어려웠습니다. 아마 지방의 재판관들이 이 문제를 해결하려고 고심했겠으나, 결국 해결하지 못해서 왕에게 최종적으로 판결을 의뢰해야만 했습니다.

솔로몬은 왕으로서 일종의 시험대 위에 올라서게 되었습니다. 왜냐하면 이 문제를 잘 해결했을 시에는 백성들의 환호를 받게 될 것이었지만, 만약 해결하지 못한다면 백성들로부터 무능한 왕이라는 평가를 받을 수도 있었기 때문이었습니다. 솔로몬은 이 상황에서 어떻게 했을까요?

잠시의 시간이 흐른 후 솔로몬은 무언가를 결심한 듯 신하들에게 말했습니다. "칼을 내게로 가져오라. 그 칼로 아기를 둘로 나누어 반은 이 여자에게 주고, 반은 저 여자에게 주어라!" 놀랍게도 솔로몬의 판결을 통해 진짜 산모가 밝혀졌습니다. 진짜 산모는 자기 아기가 죽임을 당할 수도 있다는 생각에 다른 여자에게 아기를 주라고 하는 모성애를 보여 주었습니다. 솔로몬은 이 어머니의 마음을 정확하게 간파했습니다. 이로써 솔로몬은 수많은 사람들의 마음속에 '지혜의 왕'이라는 수식어로 각인되었습니다.

그런데 이런 지혜의 왕 솔로몬이 자신의 지혜의 출처를 밝혔습니다. 솔로몬은 지혜의 근원이 무엇이라고 말했을까요? 다음의 성경 구절에 답이 들어 있습니다.

여호와를 경외하는 것이 지식의 근본이거늘 미련한 자는 지혜와 훈계를 멸시하느니라 _잠언 1:7

솔로몬은 자신의 지혜가 하나님으로부터 기인한 것임을 고백했습니다. 하나님을 경외하는 것이 자기 지혜의 출처라고 이야기한 것입니다.

재판이 있기 전 솔로몬은 하나님께 '지혜'를 간구하는 기도를 일천 번이나 했습니다. 왜냐하면 지혜 없이 이스라엘 나라를 이끌어 갈 엄두가 나지 않았기 때문입니다. 이러한 솔로몬의 기도에 하나님은 직접적인 계시로 말씀해 주었고 그에게 놀라운 지혜를 선물해 주었습니다.

만약 지혜가 하나님으로부터 기인한다는 사실을 인정한다면, 우리는 하나님의 존재를 아는 지혜도 그분으로부터 기인한다는 사실을 깨달을 수 있습니다. 왜냐하면 하나님의 존재를 아는 것은 가장 근원적인 지혜라고 할 수 있기 때문입니다.

모든 일을 성공으로 이끌어 본 사람은 사람이 지혜의 근원이며 세상의 주체라고 이야기할 것입니다. 하지만 과연 성공으로 모든 삶의 시간을 채운 사람이 있을까요? 그리고 죽는 순간에 한 점 후회 없이 눈을 감을 사람이 있을까요?

지혜는 하나님의 존재를 깨닫게 합니다. 왜냐하면 사람은 지혜의 근원이 아니기 때문입니다. 사람은 지혜를 찾으려 할 때, 지혜의 근원인 존재가 있다는 사실을 직관적으로 느끼곤 합니다. 그리고 그 지혜의 근원이 곧 하나님이라는 깨달음을 얻게 됩니다.

하나님은 사람에게 지혜를 주셨습니다. 그리고 그 지혜를 통하여 하나님의 존재를 깨달아 알게 하셨습니다. 사람이 지혜를 가지고 있기에 하나님을 알 수 있게 된 것입니다. 그런데 한 가지 알아야 할 사실이 있습니다. 하나님은 사람에게 지혜를 줄 때 그것을 성경이라는 계시의 방편으로써 주신다는 사실입니다. 이에 대해서 솔로몬은 다음과 같이 말하였습니다.

> 내 아들아 네가 만일 나의 말을 받으며 나의 계명을 네게 간직하며 네 귀를 지혜에 기울이며 네 마음을 명철에 두며 지식을 불러 구하며 명철을 얻으려고 소리를 높이며 은을 구하는 것 같이 그것을 구하며 감추어진 보배를 찾는 것 같이 그것을 찾으면 여호와 경외하기를 깨달으며 하나님을 알게 되리니 대저 여호와는 지혜를 주시며 지식과 명철을 그 입에서 내심이며 그는 정직한 자를 위하여 완전한 지혜를 예비하시며 행실이 온전한 자에게 방패가 되시나니 대저 그는 정의의 길을 보호하시며 그의 성도들의 길을 보전하려 하심이니라 _잠언 2:1-8

솔로몬은 하나님으로부터 주어지는 지혜가 그분으로부터 계시된 계명과 명철, 즉 성경 말씀이라고 확신했습니다. 그래서 솔로몬은 계명을 간직하고 그것에 주의를 기울이라고 이야기했습니다. 그는 하나님으로부터 계시를 통해 지혜를 얻게 된다는 사실을 명확하게 알았던 것입니다.

만약 세상의 모든 지혜를 모아 놓은 책이 있다면, 여러분은 그 책을 어떻게 취급하겠습니까? 모든 지혜가 담겨 있는 책이 성경이라면 그 책을 귀하게 여기지 않을 수 있을까요?

여호와의 율법은 완전하여 영혼을 소성시키며 여호와의 증거는 확실

하여 우둔한 자를 지혜롭게 하며 여호와의 교훈은 정직하여 마음을 기

쁘게 하고 여호와의 계명은 순결하여 눈을 밝게 하시도다 여호와를 경

외하는 도는 정결하여 영원까지 이르고 여호와의 법도 진실하여 다 의

로우니 금 곧 많은 순금보다 더 사모할 것이며 꿀과 송이꿀보다 더 달

도다 _시편 19:7-10

하나님께서 사람에게 주시고자 하는 지혜는 근원적입니다. 그 지

혜는 사람이 근원적으로 가지고 있는 모든 한계에 대한 대답입니다.

태어남과 삶과 죽음, 의미와 목적에 관한 것들입니다. 이와 같은 것

들에 대한 대답을 성경은 분명하게 제시하고 있습니다.

성경은 사람이 하나님으로부터 지음을 받았다고 이야기합니다.

그리고 하나님의 사랑이 사람의 삶에 의미를 부여한다고 이야기합

니다. 사람이 도무지 해결할 수 없는 죽음에 대해서는 하나님의 계

획 속에 답이 있다고 합니다. 그리고 사람의 존재 목적은 하나님과

함께 사랑을 나누기 위함이라고 합니다.

아우구스티누스는 하나님을 아는 행복에 대해 이렇게 말합니다.

진리의 주 하나님이여, 어떤 사람이 피조물들에 대한 지식을 가지고

있다고 해서, 과연 그런 이유로 주님께서 그 사람을 기뻐하시겠습니

까? 어떤 사람이 이 모든 것을 다 알고 있다고 할지라도, 주님을 알지

못한다면, 그 사람은 불행할 수밖에 없습니다. 반면에, 그런 것들을 전

혀 알지 못한다고 할지라도, 주님을 아는 사람은 행복하고 복된 사람

입니다. 어떤 사람이 주님도 알고 그런 지식도 갖고 있다고 해도, 그 사람은 그 지식으로 인하여 더 행복해지는 것은 아니고, 오직 주님으로 인하여 행복해지는 것입니다.[55]

하나님을 아는 행복을 경험하고 싶다면 신의 계시인 성경을 여러분의 마음판에 새겨 보시길 바랍니다.

> 인자와 진리가 네게서 떠나지 말게 하고 그것을 네 목에 매며 네 마음판에 새기라 그리하면 네가 하나님과 사람 앞에서 은총과 귀중히 여김을 받으리라 너는 마음을 다하여 여호와를 신뢰하고 네 명철을 의지하지 말라 너는 범사에 그를 인정하라 그리하면 네 길을 지도하시리라 스스로 지혜롭게 여기지 말지어다 여호와를 경외하며 악을 떠날지어다 이것이 네 몸에 양약이 되어 네 골수를 윤택하게 하리라 네 재물과 네 소산물의 처음 익은 열매로 여호와를 공경하라 그리하면 네 창고가 가득히 차고 네 포도즙 틀에 새 포도즙이 넘치리라 _잠언 3:3-10

하나님의 존재를 느껴 보는 방식은 여러 가지가 있습니다. 그중에 한 가지는 여러분의 마음에 그분의 계시를 적어 보는 것입니다. 여러분의 마음에 종이 한 장을 펼쳐 보십시오. 그리고 그 종이 위에 여러분이 좋아하는 색상의 펜으로 천천히 신의 계시를 새겨 보시기 바

---

55 아우구스티누스, 『고백록』, 141.

랍니다. 하나님은 여러분의 마음판으로부터 근원적인 지혜를 선물
해 주실 것입니다.

> 너희 중에 누구든지 지혜가 부족하거든 모든 사람에게 후히 주시고 꾸
> 짖지 아니하시는 하나님께 구하라 그리하면 주시리라 _야고보서 1:5

　과연 하나님은 자신의 존재를 알려 주실까요? 우리는 하나님의
존재를 파악할 수 있습니까? 네, 그렇습니다. 하나님은 자신의 존재
를 사람에게 알려 주십니다. 하나님은 계시와 성취와 경험과 지혜로
사람과 소통합니다. 그리고 사람들이 하나님의 존재를 깨닫도록 하
십니다.

　하나님은 존재합니다. 여러분도 충분히 하나님을 만날 수 있습니
다. 하나님의 존재를 경험할 수 있습니다. 마음을 열고 그 존재를
사랑으로 받아들일 수 있다면 말입니다.

> 나를 사랑하는 자들이 나의 사랑을 입으며 나를 간절히 찾는 자가 나
> 를 만날 것이니라 _잠언 8:17

제4장

하나님의
존재는
세상을 좋게
만드나요?

22. 완전함에 관하여

완전함이란 무엇인가요? 사전적으로는 '필요한 것이 모두 갖추어져 모자람이나 흠이 없는 상태'를 의미합니다. 그런데 이와 같은 의미라면 사람은 누구도 완전할 수 없습니다. 사람은 태어날 때부터 누군가의 도움 없이는 스스로 아무 것도 할 수 없는 존재이기 때문입니다. 자라는 동안에도 마찬가지입니다. 사람은 성장의 과정 속에서 완전함을 유지할 수 없습니다.

사람은 끊임없이 자신을 완전하게 만들기 위해 자신 안에 있는 것이 아닌 다른 무언가를 사용합니다. 하지만 이미 다른 것을 사용한다는 것 자체가 불완전함을 내포하고 있음을 의미합니다.

그렇다면 불완전한 사람과 불완전한 사람이 힘을 합치면 완전해질 수 있을까요? 완전함이라는 개념은 산술적이지 않습니다. 지금 이 순간 수많은 사람들이 서로 힘을 합치고 있지만 완전함을 이루지 못하고 있습니다. 세상 속에서 살아가는 각 개인은 사람들이 모여 있는 사회가 불완전하다는 사실을 직감적으로 깨닫고 있습니다.

결국 사람에게 완전함이란 상상의 영역일 뿐이지, 현실화될 수는 없는 일입니다. 한 사람의 인생은 길어야 백 년 정도이고, 그 기간 동안 완전함을 경험하거나 맛보는 일은 오로지 상상의 세계에서만 가능한 일입니다. 이에 따라 사람들은 완전함과는 다소 거리가 있는 불완전한 삶을 영위해 갑니다.

예를 들어 어떤 사람의 경우, 담배가 몸에 해롭다는 것을 알면서도 담배를 피웁니다. 주변의 친구가 담배의 해악에 대해 이야기해 줘도 삶은 바뀌지 않습니다. 다양한 이유가 있을 수 있습니다. 중독, 습관, 스트레스 해소, 해방감 등 많은 이유가 있을 것입니다. 이러한 이유들 때문에 담배가 몸에 해롭다는 것을 알면서도 삶은 여전히 해로운 쪽으로 기울어집니다.

왜 그럴까요? 담배를 피우는 즉시 죽음에 이르지 않는다는 점이 하나의 이유가 될 수 있을 것입니다. 해가 되지만, 그것이 자신의 삶을 당장에 끝장내지는 않기 때문입니다. 그리고 담배는 삶의 일시적인 위안을 주기도 합니다. 잠깐의 기쁨을 선사하기도 합니다. 무엇보다도 사회는 각 개인에게 그렇게 할 수 있는 자유를 줍니다.

사람은 자유로운 존재이면서 그 내면 속에서는 완전함을 추구하는 마음을 가진 존재입니다. 불완전함 속에서 완전한 가치와 의미를 발견하려고 합니다. 이러한 사람의 마음을 우리는 직관적으로 느낄 수 있습니다. 그런데 사람은 자유로운 존재이고 가치와 의미를 추구하지만, 매번 불완전한 방향으로 이끌리기 쉽습니다. 그 이유는 사람의 존재가 태어나면서부터 불완전함을 지니고 있기 때문입니다.

이 두 가지의 간극은 사람의 삶을 힘들게 만듭니다. 아우구스티누스는 이러한 간극에 대해 다음과 같이 말합니다.

이런 기괴한 일이 벌어지게 되는 이유가 무엇입니까? 도대체 이런 일이 왜 벌어지는 것입니까? 이것이 인간이 지은 죄악으로 인하여 받게된 은밀한 형벌이고, 아담의 자손들이 처해 있는 너무나 암울하고 절망적인 형편이라고 하면, 혹시 이 질문에 대한 대답이 되는 것인지를 내가 묻사오니, 주님의 자비를 나타내셔서, 나로 알게 하여 주십시오. 이런 기괴한 일이 벌어지게 된 이유가 무엇입니까? 도대체 이런 일이 왜 벌어지는 것입니까? 마음이 육신에게 명령하면, 육신은 거기에 즉시 복종합니다. 반면에, 마음이 마음에게 명령하면, 마음은 거기에 복종하지 않고 저항합니다.[56]

사람은 완전함을 추구해야 한다는 것을 머리로는 이해를 하면서도, 삶에서는 자꾸만 불완전함으로 나아가곤 합니다. 마음은 머리로 다스리기 어렵습니다. 그로 인하여 방황하기도 하고, 포기하기도 하고, 좌절하기도 합니다. 삶의 방향이 헷갈리고, 갈피를 못 잡는 형국이 자꾸만 벌어지게 됩니다.

내 속 곧 내 육신에 선한 것이 거하지 아니하는 줄을 아노니 원함은 내게 있으나 선을 행하는 것은 없노라 내가 원하는 바 선은 행하지 아니하고 도리어 원하지 아니하는 바 악을 행하는도다 만일 내가 원하지 아니하는 그것을 하면 이를 행하는 자는 내가 아니요 내 속에 거하는 죄니라 _로마서 7:18-20

---

56 아우구스티누스, 『고백록』, 255.

이 같은 처지에 있는 사람은 무엇을 할 수 있을까요? 두 가지를 생각할 수 있습니다. 불완전함을 바꾸거나, 불완전함을 그대로 두거나 하는 것입니다. 불완전함을 바꾸는 것은 저돌적이며 과격해 보입니다. 왜냐하면 바꾼다는 것은 침해하거나, 억압하거나, 자유를 빼앗는 일처럼 여겨지기 때문입니다. 반면 불완전함을 그대로 두는 것은 반대편 주장과 비교할 때 온순하고 느긋해 보입니다. 그저 그대로를 받아들이고 인정하는 것처럼 여겨지기 때문입니다.

그런데 우리가 기억해야 할 사실이 있습니다. 불완전함은 어느 누구도 그 마음이 추구하고자 하는 지향점이 아니라는 사실입니다. 우리가 살고 있는 세상은 불완전함을 추구하지 않습니다. 기술, 문명, 제도, 정치 등 모든 영역은 완전함을 추구하고 있습니다. 사람은 세상이 아름답기를 바라지, 지저분해지기를 바라지 않습니다. 범죄가 사라지기를 바라고, 정의가 구현되기를 바랍니다. 평화와 존중이 이루어지기를 바랍니다. 이 모든 것은 사람 안에 본능적으로 내재되어 있는 직관적 감각입니다.

종종 세상은 불완전함과 완전함의 경계 속에서 이리저리 헤맬 때가 있습니다. 그 이유는 완전함을 추구하려고 하면 자꾸만 개인의 자유가 제한을 받기 때문입니다. 각 개인의 불완전함이 완전함으로 이어지지 못하고 그 사이에서 적잖은 충돌이 일어나게 되는 것입니다. 그리고 이러한 상황 속에서 질서를 잡는 일은 배타적이며 독단적이라는 생각들이 자리 잡기 시작합니다.

이러한 측면에서 배타적이며 독단적이라는 생각의 최우선 자리를 차지하고 있는 존재가 있습니다. 그 존재는 바로 하나님입니다. 왜 냐하면 하나님은 세상의 질서를 바로잡기 위해서 존재하기 때문입니다. 다른 말로 하자면, 세상의 완전함을 만들어 가기 위해 하나님께서 세상에 관여하시기 때문입니다.

이러한 하나님의 관여가 누군가에게는 거부감이 들거나 불쾌하게 여겨질 수도 있습니다. 왜냐하면 자신은 지금까지 누구보다 성실하고 정직하게 잘 살아왔는데, 갑작스럽게 하나님의 간섭을 받아야 한다는 의미로 받아들여지기 때문입니다.

하지만 하나님은 그러한 부정적인 의미의 장벽을 뚫고 사람에게 찾아오셨습니다. 그리고 하나님의 관여는 사람들에게 마치 사랑하는 어머니의 품처럼 완전한 사랑의 본보기가 되었습니다. 하나님은 불완전하며 바뀔 마음이 전혀 없는 사람에게 사랑의 빛을 심어 주셨습니다.

아마 어떤 사람들은 이렇게 생각할는지 모르겠습니다. '아니, 하나님의 존재가 간섭이 아니고 무엇이라는 말입니까? 저는 도무지 이 간섭이 어머니의 사랑과 같다는 표현을 받아들일 수 없습니다!'

물론 그렇게 느끼는 사람들도 있을 것입니다. 하나님의 존재는 내 삶에 자유를 빼앗아 가는 것만 같습니다. 그리고 하나님은 사람의 능력을 최대한 끌어내지 못하게 하고, 사람들이 하나님께 의존하여 살아갈 수밖에 없게 하는 것만 같습니다.

그러나 이는 하나님의 존재를 오해했기 때문입니다. 어머니는 단순히 물리적으로 자녀를 낳은 존재만이 아닙니다. 어머니는 자녀의 모체이자, 자녀를 누구보다 아끼며 사랑하는 존재입니다. 그렇기에 자녀는 어느 순간부터인가 자연스럽게 어머니의 마음을 깨닫고 그분의 뜻을 따르게 됩니다.

하나님의 존재를 안다는 것은 단순한 존재의 인정이 아닙니다. 그것은 그 존재가 나의 모체이자, 나를 누구보다 아끼며 사랑한다는 사실을 깨닫는 것입니다. 그리고 어느 순간부터인가 자연스럽게 하나님의 마음을 깨닫고 그분의 뜻을 따르게 되는 일입니다.

하나님이 우리를 완전하게 만들어 가기를 원한다는 것은 우리에게는 큰 간섭인 것은 분명합니다. 하지만 그 간섭은 우리의 모체로 들어가는 길입니다. 그리고 우리를 발생시킨 존재의 사랑 안에 거하는 것입니다. 마침내 하나님이 처음 사람을 흙으로 빚어낸 아름다움을 회복하는 것입니다. 이 일을 예수 그리스도는 거듭남으로 설명합니다.

> 예수께서 대답하여 이르시되 진실로 진실로 네게 이르노니 사람이 거듭나지 아니하면 하나님의 나라를 볼 수 없느니라 _요한복음 3:3

거듭남은 다시 태어난다는 의미입니다. 이것은 불완전함을 방치하는 삶이 아닌, 완전한 삶으로 나아가겠다는 방향성이 잡힌 상태를 말합니다. 하나님께서 원하시는 완전함을 위해 자신의 삶을 바꾸어 나가겠다는 가치와 의미의 전환을 말합니다.

거듭남은 사회적이기보다는 개인적인 일입니다. 하나님은 사회개혁보다는 개인의 변화에 중점을 두십니다. 개인의 변화가 사회의 변화를 초래하기 때문입니다. 출발점이 개인에게 맞추어져 있습니다. 그렇기에 하나님의 간섭을 사회적인 일로 받아들이는 순간 거듭남의 순수한 의미는 퇴색될 우려가 있습니다.

거듭남을 사회 개혁의 요소로 강요하는 일은 역사적으로 많은 피해를 주었습니다. 하나님의 존재가 세상을 파괴했다는 이야기를 심었습니다. 하나님을 쫓아내야 한다거나, 심지어 하나님을 없애야만 한다는 구호가 생겨나기 시작했습니다. 그 모든 일이 파생된 이유는 하나님이 완전하기 때문이 아니라, 사람이 불완전하기 때문이었습니다.

다만 우리가 의문을 가져야 할 것은 개인적이냐, 사회적이냐 하는 싸움을 넘어서서 하나님의 완전함을 추구하는 일이 잘못된 것이냐 하는 점입니다. 우리는 살면서 버려야 할 물건을 버리지 않을 때가 있습니다. 그리고 훗날 그 물건을 요긴하게 사용할 때가 있습니다. 만약 버려야 한다면 그것은 가치가 끝났다고 판단될 때입니다. 가치가 남아 있는 물건을 굳이 버릴 필요는 없습니다.

하나님의 존재는 충만한 가치가 있습니다. 오히려 그 가치가 차고 넘칩니다. 우리는 하나님의 존재를 통하여 완전함을 배울 수 있습니다. 고귀함을 배울 수 있습니다. 아름다움과 사랑을 배울 수 있습니다. 이에 대해 우리는 다음과 같은 선택의 갈림길을 마주하게 됩니다.

1. 하나님의 완전함을 추구하는 것은 유익이 없다.

2. 하나님의 완전함을 추구하는 것은 유익이 있다.

하나님의 완전함을 추구하는 것이 유익이 없다는 말은 직관적으로 받아들일 수 없습니다. 왜냐하면 하나님의 완전함을 추구하는 것은 세상을 더 좋게 만들려는 시도이기 때문입니다. 세상을 파괴하는 것은 사람의 불완전함이지 하나님의 완전함이 아닙니다. 하나님의 완전함은 세상을 유익하게 합니다. 그것이 하나님의 뜻이자 마음입니다.

하나님이 세상을 이처럼 사랑하사 독생자를 주셨으니 이는 그를 믿는 자마다 멸망하지 않고 영생을 얻게 하려 하심이라 _요한복음 3:16

이 말씀은 세상을 향한 하나님의 사랑을 드러냅니다. 그리고 그 사랑이 예수 그리스도의 십자가를 통하여 이루어졌음을 선포합니다. 하나님은 세상을 누구보다 사랑합니다. 그분은 세상이 하나님으로 인해 완전해지기를 바랍니다.

완전함을 추구하는 것은 유익이 있습니다. 그것은 직관적으로 타당합니다. 하나님의 존재는 세상에 유익을 줍니다. 그리고 그 유익을 실제로 많은 사람들이 느끼고 있습니다. 하나님의 완전함은 어떤 존재보다 도덕적이고 선합니다. 그리고 하나님의 완전함은 사람들에게 삶의 가치와 의미를 발견하게 합니다. 이것은 누군가에게는 가장 놀라운 희망입니다.

여러분은 완전함을 추구하고자 합니까? 그렇다면 하나님의 존재를 폐기 처분하지 마시기 바랍니다. 분명 여러분이 하나님의 존재와 그 완전함을 깨달아 가는 동안 그분은 여러분에게 다가올 것입니다. 그리고 여러분이 하나님의 완전함을 깨닫게 할 것입니다.

어린 시절 조립식 장난감을 완성하는 것은 시간이 필요한 일입니다. 하지만 많은 시간을 소요하고서 모든 부품이 제자리를 찾아 완성된 모습을 보았을 때의 기쁨은 이루 말할 수 없습니다. 완전함을 추구하는 일은 분명 인류에게 희망이 될 수 있습니다.

23. 불완전함에 관하여

종교 없는 세상을 상상해 보라![57]

종교가 사라지면 세상은 유토피아가 될까요? 어떤 이들은 종교가 세상에 해로운 영향을 끼치고 있다고 생각합니다. 테러, 십자군, 마녀 사냥, 전쟁, 학살, 분쟁, 착취 등 역사적으로 종교가 취해 왔던 독단적이고 배타적인 일들은 너무나 끔찍하기에 종교는 그만 사라져버렸으면 좋겠다는 것입니다. 과연 이러한 생각이 옳을까요? 종교만 사라지면 모든 일이 제자리를 찾게 되는 걸까요?

종교가 인류에 악영향을 끼쳤다고 주장하는 리처드 도킨스 교수는 다음과 같이 말합니다.

2005년 7월 런던에서 동시다발적인 자살 폭탄 공격이 일어났다. 지하철 세 군데, 버스 한 대에서 폭발이 일어났다. 2001년 세계무역센터 공격만큼 심하지는 않았고, 예상하지 못한 것도 아니었지만, 그럼에도 런던의 폭탄 테러는 영국인들을 경악하게 만들었다. 신문마다 젊은이

---

57   리차드 도킨스, 『만들어진 신』(파주: 김영사, 2007), 7.

들을 자폭으로 이끎으로써 많은 무고한 사람들을 희생시키도록 충동질하는 것이 무엇인지를 놓고 고심하는 기사들이 가득 실렸다. … 멀쩡하고 온건한 사람들로 하여금 그런 미친 짓을 저지르게 할 만큼 강력한 동기를 부여하는 것은 종교 신앙뿐이다.[58]

이와 같이 생각하는 사람들은 유신론이 독단적이며 배타적이기 때문에 인류 속에 차별과 분노와 억압을 만들어 냈다고 여깁니다. 저는 이러한 주장을 유신론자들이 귀 기울여야 한다고 생각합니다. 그리고 만약 유신론자들로 인해 악이 발생했다면, 진심을 담은 마음으로 용서를 구해야 한다고 생각합니다.

그런데 오직 종교만이 인류를 비극적으로 만들었다는 추론은 숙고해 볼 필요가 있습니다. 왜냐하면 이러한 생각은 자칫 하나의 범주를 일반화하는 오류를 범할 수 있기 때문입니다.

우리는 무언가를 범주화할 때, 그것이 과연 100% 전체를 포괄하고 있는지 세심하게 살펴야 합니다. 예를 들어 인류의 비극은 하나님을 믿는 유신론자들만의 범죄 때문인지, 아니면 사람이라는 본성에서 비롯한 범죄 때문인지를 생각해 봐야 합니다. 그리고 반대로 인류를 희망적으로 만드는 일은 유신론자들과는 관련이 없는지, 아니면 유신론자들의 영향도 있는지를 생각해 봐야 합니다. 이러한 분석이 일반화의 오류를 피할 수 있는 길이 되기 때문입니다.

---

58 리차드 도킨스, 『만들어진 신』, 463-464.

테러, 십자군, 마녀 사냥, 전생, 학살, 분쟁, 착취 등의 문제들은 모두 종교를 논하기 전에 태생적으로 사람이라는 존재가 가지고 있는 존재적 결함으로부터 나온 것입니다. 종교의 유무와는 상관없이 사람은 완전함을 추구하지만 완전함을 완성하지 못하는 딜레마를 지니고 있습니다. 역사적으로 사람은 기술, 문명, 제도, 정치 속에 내포되어 있는 수많은 문제들을 만들어 왔습니다. 이러한 사람 본연의 존재적 모습을 불완전함이라고 할 수 있습니다.

유신론의 반대편 극단에 서 있는 무신론자의 경우에는 하나님의 존재를 인정하는 것이 사람의 삶을 비극적으로 만든다고 추론합니다. 삶이 비극적인 원인을 종교에서 찾으려고 하는 것입니다. 그렇기에 이들은 종교가 없으면 삶이 더 완전해진다고 주장합니다. 반면 유신론자는 하나님의 존재를 인정하는 것이 사람의 삶을 희망적으로 만든다고 추론합니다. 왜냐하면 이들은 종교가 세상을 더 좋게 만드는 길이라고 생각하기 때문입니다. 과연 무엇이 옳을까요? 하나님의 존재를 인정하는 것이 인류에 유익할까요? 아니면 하나님의 존재를 인정하지 않는 것이 인류에 유익할까요?

우리는 유신론자는 물론이거니와 무신론자, 혹은 불가지론자, 혹은 그 외의 수많은 사람들의 삶에 불완전함이 발견된다는 사실을 압니다. 어느 누구도 인류의 복지와 평화와 안녕을 위해 자신이 가진 모든 시간을 사용하지는 않았습니다. 모든 사람은 불완전한 삶을 살았고, 긍정적이면서 부정적인 결과를 다양하게 만들어 냈습니다. 불완전하다고 해서 긍정적인 영향이 없다는 말이 아니고, 반대로 부정적인 영향만을 만들어 낸 것도 아니라는 사실입니다. 이에 대해 성경은 모든 사람이 가지고 있는 죄를 지적합니다.

> 기록된 바 의인은 없나니 하나도 없으며 … 모든 사람이 죄를 범하였으매 하나님의 영광에 이르지 못하더니 _로마서 3:10, 23

성경은 사람의 존재를 완전하다고 보지 않습니다. 사람의 존재를 불완전하다고 규정합니다. 왜냐하면 모든 사람은 인지하든, 인지하지 못하든지 간에 인류에 해를 끼치려는 이기적인 마음을 가지고 있기 때문입니다. 성경은 이것을 죄라고 지칭합니다. 죄는 사람이 가진 불완전함을 지칭하는 표현입니다.

만약 완전한 존재가 있다면, 그 존재는 죄가 없어야 합니다. 그 존재는 완전하게 존재해야 합니다. 그리고 그 존재적 정의로 인하여 불완전함을 느낄 수 없어야 합니다. 하지만 분명 사람은 직관적으로 자신 스스로가 완전하지 못하다는 사실을 압니다. 그 불완전함이 세상을 불완전하게 이끌어 간다는 것도 압니다. 이는 사람의 존재적 문제이며, 이 근본적인 문제로 인하여 세상의 역사는 혼란과 파멸을 반복하고 있습니다.

극단적인 무신론자들은 유신론자들을 '사회악'이라고 주장합니다. 유신론자들이 가진 배타성과 독단성이 그 이유라고 말합니다. 하지만 그것은 엄밀한 의미에서 잘못되었습니다. 왜냐하면 그 판단은 잘못된 범주화로 해석된 것이기 때문입니다. 유신론자들뿐만 아니라 모든 사람에게는 죄가 있습니다.

물론 유신론 안에는 분명히 배타성과 독단성이 있습니다. 그것은 불완전함과 관련한 부분, 즉 죄에 대한 부분입니다. 그리고 그 죄를 파생시키는 근원적인 존재에 대해서입니다. 유신론은 철저하게 죄에 대해서 배타적인 입장과 독단적인 입장을 견지하고 있습니다.

하나님에게도 배타성과 독단성이 있습니다. 하나님은 누구보다 세상을 사랑합니다. 하나님은 세상을 창조하였고, 세상에 의미를 부여하였습니다. 자신의 창조물을 기뻐합니다. 세상으로부터 행복을 느끼는 존재는 그 누구보다 하나님, 그분 자신입니다. 그렇기에 하나님은 세상의 불완전함을 완전함으로 바꾸어 가길 원하십니다. 그것이 하나님께서 이루고자 하시는 구원입니다. 물론 이 구원에도 불완전함에 대한 부분, 즉 죄에 대한 배타성과 독단성이 있습니다.

만약 하나님이 이러한 배타적이며 독단적인 특징을 가지고 있다고 한다면, 이에 대해서 어떤 비판을 받아야 하는 건가요? 예를 들어, 어린아이가 차들이 빠르게 달리고 있는 도로로 뛰어들려고 한다고 생각해 봅시다. 그렇다면 그 어린아이의 자율성을 막고, 그 아기를 도로 밖으로 밀쳐 낸 부모가 독단적이라고 평가를 받아야 하는 걸까요? 아니면, 부모의 독단적인 행위도 때에 따라서는 인정이 되어야 하는 걸까요?

어느 하나의 단순한 잣대가 세상을 획일화되도록 만들어 버릴 수 없습니다. 하나님의 존재도 마찬가지입니다. 어느 하나의 단편적인 진술이 하나님의 존재를 확정할 수 없습니다. 사람도 그렇습니다.

사람의 존재도 단편적인 사실 하나만으로 평가받을 수는 없습니다. 마찬가지로 누군가가 유신론을 평가한다면 어떤 단편적인 사건을 가지고 유신론의 전체를 평가할 수는 없습니다.

> 어찌하여 형제의 눈 속에 있는 티는 보고 네 눈 속에 있는 들보는 깨닫
> 지 못하느냐 보라 네 눈 속에 들보가 있는데 어찌하여 형제에게 말하
> 기를 나로 네 눈 속에 있는 티를 빼게 하라 하겠느냐 외식하는 자여 먼
> 저 네 눈 속에서 들보를 빼어라 그 후에야 밝히 보고 형제의 눈 속에서
> 티를 빼리라 _마태복음 7:3-5

그렇다면 우리는 어떤 사상이나 세계관도 평가해서는 안 되는 것일까요? 우리는 각자 자기 자신만을 잘 판단하면 되는 걸까요? 물론 우리가 스스로 자기 자신을 잘 판단할 수 있다면 그것만으로도 세상은 충분할 것입니다. 하지만 우리가 무언가를 평가하려고 할 때, 그 평가가 단편적인 사실이 아닌 그 사상 전체가 추구해 나가는 지향점에 관한 것이라면 그러한 평가는 일면 들어 볼 만하다고 여길 수 있습니다.

우리는 사람을 평가할 때, 그 사람의 일평생 단 하나의 오점에 집중하지 않습니다. 왜냐하면 단 하나의 오점도 없는 사람은 없기 때문입니다. 예를 들어, 어떤 위대한 위인도 어린 시절에는 누군가에게 상처를 주었을 법한 일을 했거나, 미성숙한 나이에 누군가에게 실수를 저질렀던 경험이 있었기 때문입니다.

따라서 우리는 누군가를 존경할 만한 사람이라고 여길 때, 그 사람의 인생 전반에 걸친 문화와 전체적인 맥락에서 이해합니다. 그 사람의 일생이, 그리고 그 삶의 지향점이 훌륭했다면 존경할 만한 사람이라고 보는 것입니다.

　그렇다면 유신론은 과연 긍정적인 평가를 받을 수 있을까요? 만약 지향점에 근거한다면 충분히 그렇다고 할 수 있을 것입니다. 왜냐하면 유신론이라는 종교는 불완전한 사람들이 완전함을 추구하도록 이끌기 때문입니다. 그리고 그 완전함은 세상을 희망적으로 만드는 일에 무엇보다 일조하기 때문입니다. 달리 말해 유신론의 지향점은 세상에 대하여 바르고 정직하다는 것입니다.

　만일 아무리 좋은 사상이라고 해도, 그것이 세상을 유익하게 만들지 못한다면 그 사상은 가치를 잃어버릴 것입니다. 어쩌면 하나님이 존재한다고 해도, 그 존재가 세상을 유익하게 하지 못한다면 그 존재는 사람들이 "하나님은 존재하지 않는다!"라고 선언하게 할 것입니다.

　하지만 반대로 하나님이 세상에 누구보다 관심이 있고 세상을 유익하게 하는 데 그 지향점이 집중되어 있다면, 우리는 한번쯤 그분의 목소리에 귀를 기울여 보아야 할 것입니다. 왜냐하면 그 지향점이 세상을 더 좋게 만들 유일한 길이 될 수도 있기 때문입니다.

24. 믿음에 관하여

하나님은 왜 사람에게 믿음을 요청하는가?

이 질문은 유신론에서 상당히 중요한 질문입니다. 이 질문에 대한 답을 알아보기 위해 우리는 먼저 믿음이 무엇인지를 확인할 필요가 있습니다. 믿음이란 무엇인가요? 믿음이란 사전적으로 어떤 사실이나 사람을 믿는 마음을 의미합니다. 즉, 누군가에게 믿음이 있다는 것은 근본적으로 그 마음이 다른 대상을 받아들였다는 의미입니다. 예를 들어, 사랑하는 아내를 향한 믿음은 근본적으로 아내의 존재를 받아들였다는 의미입니다. 그렇다면, 하나님을 향한 믿음이란 하나님의 존재를 받아들이는 마음의 상태를 의미할까요?

그것이 믿음이 의미하는 바이기는 합니다. 하지만 하나님의 존재를 받아들이고 인정하는 마음의 상태는 너무나 좁은 개념입니다. 왜냐하면 믿음의 대상으로서 하나님과 사람은 존재 자체가 확연하게 다르기 때문입니다. 다시 말해 내 주변에 흔히 있는 존재들을 받아들이는 것과 하나님의 존재를 받아들이는 것에는 차이가 있다는 말입니다.

그렇다면, 하나님을 믿는다는 것은 정확하게 무엇을 의미하는 걸까요? 그것은 하나님의 존재를 그 자체로 받아들이는 것일 뿐만 아니라, 하나님께서 앞으로 하고자 하시는 일, 즉 그분의 계획도 받아들이고 인정한다는 뜻입니다.

하나님을 향한 믿음이 그분의 존재뿐만 아니라, 계획까지도 받아들이고 인정해야 하는 이유가 있습니다. 그 이유는, 사람은 불완전한 존재인 반면, 하나님은 완전한 존재이기 때문입니다. 불완전한 존재가 완전한 존재를 믿는다는 것은 단순히 마음에만 그치는 것이 아닙니다. 그것은 의지적으로도 매여 있어야 하는 것입니다.

예를 들어, 갓난아기는 어머니를 믿습니다. 그 믿음은 단순히 어머니의 존재만을 받아들이고 인정하는 것에 그치지 않습니다. 어머니가 행동하는 모든 일과 아기의 삶에 개입되는 모든 일, 즉 어머니의 모든 계획을 받아들이고 인정하는 것입니다. 왜냐하면 갓난아기는 불완전한 반면, 갓난아기에 비해 어머니는 더 완전하기 때문입니다. 따라서 어머니가 젖을 물릴 때, 아기는 의지적으로 그 계획에 순응함으로 젖을 빠는 행위를 하게 됩니다.

이처럼 세상에 홀로 내던져진 사람에게 완전함 자체인 존재가 있습니다. 그 존재가 바로 하나님입니다. 그렇기에 우리는 하나님의 존재를 믿는다고 할 때, 그것은 하나님의 존재를 받아들이는 것일 뿐만 아니라 그분의 계획에 순응하는 것을 의미합니다. 이것은 비유로서 하나님의 존재와 사람 사이의 믿음이 의지적으로 매여 있다는 점을 단적으로 보여 줍니다.

결과적으로 유신론에서 말하는 믿음은 마음의 상태뿐만 아니라 의지를 동반합니다. 이 의지는 하나님의 계획이자, 완전함을 향한 지향점입니다. 사람은 마음뿐만 아니라 의지를 사용하여 하나님의 존재를 믿어야 합니다. 그렇기에 하나님의 존재를 향한 믿음은 단순히 마음의 상태에 그치지 않고, 삶의 방향을 이끌어 가는 원동력이 됩니다.

성경에는 '믿음의 조상'이라고 불리는 사람이 있습니다. 그는 아브람입니다. 아브람이 믿음의 조상이라고 불리는 이유는 그가 하나님을 향한 믿음을 가짐으로써 그분으로부터 의로움을 전해 받았기 때문입니다. 이에 대해 성경은 이렇게 기술하고 있습니다.

> 아브람이 여호와를 믿으니 여호와께서 이를 그의 의로 여기시고 _창세기 15:6

아브람은 하나님의 존재를 마음으로 인정했습니다. 뿐만 아니라 그는 하나님의 계획에 순응하기도 했습니다. 그는 갈 바를 알지 못한 상태에서 하나님의 요청에 순종했고 자신의 삶을 내던졌습니다. 그는 고향과 친척과 아버지의 집을 떠나 하나님의 음성을 좇았습니다. 그리고 그 믿음은 하나님께 고스란히 전달되었습니다.

> 믿음으로 아브라함은 부르심을 받았을 때에 순종하여 장래의 유업으로 받을 땅에 나아갈새 갈 바를 알지 못하고 나아갔으며 _히브리서 11:8

하나님은 불완전한 존재를 완전하게 만들려는 지향점을 가지고 계십니다. 왜냐하면 그것이 인류를 향한 하나님의 사랑이기 때문입니다. 그런데 불완전한 존재가 완전함을 향해 나아가기 위해 반드시 필요한 것이 있습니다. 바로 믿음입니다. 왜냐하면 믿음은 하나님의 존재를 향한 마음과 의지를 내포하기 때문입니다. 이러한 하나님을 향한 믿음은 사람이 그분으로부터 의로움을 전해 받을 수 있는 길이 됩니다.

그렇다면 믿음만 있으면 하나님의 계획에 따라 완전해질 수 있는 것일까요? 만약 그 믿음이 마음과 의지를 모두 반영한 상태라면 그럴 수 있습니다. 그런데 우리는 보통 믿음을 마음의 상태로서만 여기기 때문에 잘못된 모습이 발생하기도 합니다.

만약 어떤 교인이 불완전한 일을 저질렀다면 당사자는 어떻게 해야 할까요? 이런 상황에서 믿음을 단순히 마음의 상태로만 여기는 사람은 아무런 의지를 보이지 않는 경우가 있습니다. 그는 마음속으로 자신의 행동을 합리화합니다. 예를 들어, '이건 교회 일이 아니라 직장 일이야. 이정도 불법쯤은 다들 저지르는 일이니까, 상관없어!' 이런 경우처럼 하나님을 믿는다고 하면서도 실제 삶에서는 불완전함을 추구하는 경향이 나타날 수도 있습니다. 또 때로는 전혀 완전함을 향한 지향점이 나타나지 않는 경우도 있습니다.

반면 믿음을 마음과 의지로서 받아들이는 사람은 자신의 잘못을 뉘우치고 바른 삶을 향해 살아가려고 합니다. 예를 들어, 그는 이렇게 기도할 것입니다. '하나님, 제가 욕심에 눈이 멀어 잘못된 선택을 했습니다. 모든 일을 바르게 바꾸어 놓고 제가 받아야 할 벌이 있다면 달게 받겠습니다.' 하나님을 향한 믿음은 그분의 계획을 따르는 것이며, 그것은 완전함을 향해 나아가려는 의지를 동반하는 것입니다. 그렇기에 믿음을 가졌음에도 불구하고 불완전한 일을 행한 사람은 자신의 불완전함에 대해 합당한 회개를 하게 될 것입니다.

이에 따르면 믿음은 회개와 밀접한 관련이 있습니다.[59] 왜냐하면 사람은 마음의 상태로만 하나님의 계획인 완전함을 추구할 수 없기 때문입니다. 사람의 불완전함이 하나님의 존재를 향한 마음만으로 단번에 고쳐지는 것은 아니기 때문입니다. 하지만 회개하는 사람은 다릅니다. 회개는 변화의 가능성을 내포합니다. 그리고 변화의 지향점을 추구합니다.

하나님께서 사람의 죄에 대해 민감하게 반응하시는 이유는 두 가지입니다. 첫째는 하나님이 죄와는 함께 할 수 없는 완전한 존재이기 때문이고, 둘째는 불완전한 사람도 완전함을 향해 나아가도록 하는 것이 하나님의 계획이기 때문입니다. 따라서 하나님은 사람으로 하여금 믿음을 가지게 하심으로써 회개하는 삶을 살도록 하십니다. 예수 그리스도는 이렇게 말합니다.

회개하라 천국이 가까이 왔느니라 _마태복음 4:17

---

59   유신론에서는 믿음과 회개를 합하여 '회심'이라고 합니다.

회개란, 자신의 죄를 뉘우치고 그 죄에서 돌아서는 과정을 말합니다. 그렇다면 죄란 무엇입니까? 죄는 불완전함입니다. 그리고 그 불완전함은 사람의 삶을 파괴하는 동력이 되기도 합니다. 뛰어난 청교도 신학자인 존 오웬(John Owen, 1616-1683)은 죄의 영향력에 대해 다음과 같이 말합니다.

> 죄는 곧 법입니다. 법은 본래적 의미로는 명령 규칙을 가리키고, 파생적 의미로는 효력을 발생시키는 원리 곧 법의 힘을 가리킵니다. … 죄의 법이 신자들 속에 있습니다. 그것은 신자들에 대한(to) 법은 아니지만, 신자들 안에 있는(in) 법입니다. 신자들 안에서 죄의 규칙은 깨지고, 죄의 힘은 약화되고 손상되며, 죄의 뿌리는 죽임을 당했으나 여전히 큰 힘과 효력을 갖고 있는 한, 법입니다. 죄는 그것을 전혀 느끼지 못하는 곳에서 가장 큰 힘을 발휘합니다.[60]

이렇게 우리 안에 있는 죄를 어떻게 해야 할까요? 그것은 하나님의 존재를 향한 믿음으로 처리할 수 있습니다. 아마 이 말이 어떤 사람에게는 도돌이표와 같은 느낌을 가지게 할는지 모르겠습니다. 그러나 분명 믿음은 죄를 처리하는 힘을 가지고 있습니다. 어떻게 믿음이 죄를 처리하는 힘을 발휘하는 걸까요?

왜냐하면 하나님을 향한 믿음은 마음과 의지의 두 가지 요소를 모

---

60 존 오웬, 『신자 안에 내재하는 죄』(서울: 부흥과개혁사, 2009), 35-37.

두 내포하기 때문입니다. 하나님의 존재를 향한 마음은 사람에게 그분의 존재적 특징을 깨닫도록 합니다. 하나님의 존재적 특징은 창조자, 스스로 있는 자, 전능한 자, 거룩한 자, 사랑하는 자, 구원하는 자입니다. 이러한 하나님의 특징을 깨달을 때에 사람은 비로소 완전함이 무엇인지, 그 빛에 눈을 뜨게 됩니다.

> 아브람이 구십구 세 때에 여호와께서 아브람에게 나타나서 그에게 이르시되 나는 전능한 하나님이라 너는 내 앞에서 행하여 완전하라 _창세기 17:1

하나님의 완전함을 깨달은 사람은 그 완전함을 의지적으로 추구하게 됩니다. 여기에서 의지는 자신의 삶의 방향을 바꾸는 과정을 의미합니다. 이 부분에서 필수적인 행위는 바로 회개입니다. 신의 존재를 향한 믿음이 있는 사람은 자신의 모습 속에 불완전함이 드러나는 순간 회개하는 모습을 보여 줍니다. 그리고 그 회개는 서서히 한 개인의 삶을 바꾸어 냅니다.

따라서 믿음은 세상에서 너무나 중요한 역할을 합니다. 믿음은 단순히 신의 존재를 인정하는 것에서 끝나지 않습니다. 믿음은 개인을 바꾸고 인류를 바꾸고 세상을 바꿉니다. 불완전함을 완전함으로 바꾸는 근본적인 역할을 합니다. 마침내 불완전한 세상에 완전한 희망을 드러냅니다. 그것이 바로 믿음입니다.

왜 믿음이 필요할까요? 하나님은 왜 믿음을 요청하는 걸까요? 믿음이 하나님의 존재를 인정하는 방식인 것은 틀림없지만, 그것만이 전부는 아닙니다. 오히려 하나님은 인류에 가장 유익이 되는 길을 제시합니다. 그것은 믿음으로 사는 삶입니다. 믿음으로 사는 것이 인류에게 가장 필요하기 때문인 것입니다.

> 복음에는 하나님의 의가 나타나서 믿음으로 믿음에 이르게 하나니 기록된 바 오직 의인은 믿음으로 말미암아 살리라 함과 같으니라 _로마서 1:17

어떤 사람의 경우에는 하나님을 향한 믿음이 너무나 극단적이라는 이유로 반감을 가지기도 합니다. 믿음이 가지는 강압적이며 독단적이며 배타적인 성격이 싫다는 것입니다. 이러한 생각을 가진 사람들은 믿음이 신앙을 강제하는 일이라고 여깁니다.

이 부분에서 우리가 생각해야 할 점이 있습니다. 그것은 유신론자들이 말하는 "하나님을 믿어라!"라는 요구에 들어 있는 함정입니다. 만약 누군가가 믿음을 강제로 주입할 수 있다고 생각한다면 그것은 직관적으로 합당하지 않습니다. 믿음은 강제적이지 않습니다. 믿음은 자유롭고 자발적인 것입니다. 사람은 누군가에게 약물을 투여하듯이 믿음을 주입할 수 없습니다.

믿음은 강제적으로 나타나는 일이 아닙니다. 그것은 강압적일 수 없습니다. 그 누구도 강압적으로 믿음을 이끌어 낼 수 없습니다. 그렇기에 믿음을 강압적인 의미로 사용한다면 이는 잘못된 것입니다.

믿음은 자율적인 표현이며 동시에 사랑의 발로입니다. 성경은 하나님의 강제성을 강조하기보다는 그분의 기다림을 강조합니다.

> 주의 약속은 어떤 이들이 더디다고 생각하는 것 같이 더딘 것이 아니라 오직 주께서는 너희를 대하여 오래 참으사 아무도 멸망하지 아니하고 다 회개하기에 이르기를 원하시느니라 _베드로후서 3:9

하나님이 오래 참는다는 말은 기다린다는 의미입니다. 이 기다림은 누구든지 자유롭게 하나님을 향한 믿음을 가지길 바란다는 의미이기도 합니다. 그렇기에 하나님은 마치 약물을 투여하듯이 강제적으로 믿음을 주입하시지 않습니다.

만약 누군가에게 강제적이거나 강압적인 의미로서 "하나님을 믿어라!"라는 말을 들으신 분이 있다면 그 오해를 풀어 내기를 바랍니다. 부모에게서, 혹은 형제에게서, 친구에게서, 알지도 못하는 누군가에게서 그런 말을 들었다면 말입니다.

하나님의 존재를 믿는 것은 한 개인과 하나님과의 일대일 관계입니다. 그리고 그 관계가 발전하기 위해서는 냉철할 정도로 자기 자신에게 정직해야 합니다. 여기서 정직이란, 하나님의 존재에 대한 직관적인 마음에 순수하게 반응하는 것입니다. 그리고 하나님의 존재를 향한 스스로의 믿음을 객관적으로 분별하는 것입니다.

저는 이러한 정직한 마음으로 충분히 하나님의 존재를 향한 믿음을 가질 수 있다고 생각합니다. 왜냐하면 하나님은 완전한 존재이므로 정직한 마음을 누구보다 좋아하시기 때문입니다.

여호와는 의로우사 의로운 일을 좋아하시나니 정직한 자는 그의 얼굴
을 뵈오리로다 _시편 11:7

25. 소망에 관하여

믿음은 바라는 것들의 실상이요 보이지 않는 것들의 증거니 선진들이

이로써 증거를 얻었느니라 _히브리서 11:1-2

소망과 믿음은 불가분의 관계에 있습니다. 그 이유는 믿음이 소망의 실상이기 때문입니다. 어떻게 믿음은 소망의 실상이 되는 걸까요?

예를 들어 생각해 봅시다. 바쁜 직장인은 휴가를 절실하게 원합니다. 간절히 가고 싶은 휴양지를 상상하기도 합니다. 그 상상을 떠올릴 때 무엇을 느낄까요? 기쁨이나 만족감을 느낍니다. 왜냐하면 그것은 바라는 바이기 때문입니다. 그런데 사실 소망이 현실에서 실제로 이루어진 것은 아닙니다. 그럼에도 기쁨이나 만족감이 느껴지는 이유는 무엇 때문일까요? 그것은 상상이 앞으로 내 삶에서 실제로 일어날 것이라는 믿음이 있기 때문입니다. 만약 이 믿음이 없다면 상상 속의 휴양지는 단지 다른 누군가의 휴양지일 뿐 나 자신에게는 아무런 감흥을 주지 못할 것입니다.

무언가를 바라는 소망은 그 바람이 현실에서 이루어질 것이라는

믿음과 연관되어 있습니다. 그 믿음이 없다면 바람은 그저 흩날리는 먼지에 불과할 뿐입니다. 따라서 믿음은 소망의 실상이 됩니다. 믿음과 소망은 뗄 수 없는 관계입니다.

세상에 사는 모든 사람은 소망을 상상하며 기뻐합니다. 소망이 기쁜 이유는 그것이 실현될 것을 믿기 때문입니다. 만약 믿음이 없다면 소망은 기쁨이 될 수 없습니다. 하지만 믿음이 있기에 소망은 우리에게 기쁨과 만족감을 전해 줍니다. 아직 소망이 삶에서 실현되지 않았어도 말입니다.

여러분의 소망은 무엇인가요? 어떤 사람은 멋진 남자 친구나 아름다운 여자 친구를 만나는 것이 소망일 수 있습니다. 또 어떤 사람은 세계에서 가장 돈이 많은 사람이 되는 것이 소망일 수도 있습니다. 또 어떤 사람은 세계 역사에 기록될 만한 위인이 되는 것이 소망일 수도 있습니다. 사람들은 저마다 다양한 소망을 바라며 살아갑니다.

그런데 중요한 사실이 있습니다. 이렇게 사람들이 바라는 소망은 실상, 삶에서 반드시 이루어진다는 보장이 없다는 것입니다. 모든 사람이 바라는 바를 소망하며 기뻐할 수는 있지만, 그 소망이 이루어질 것을 보장받지는 못합니다. 어떤 소망은 한 사람의 일생에서 일말의 흔적도 남기지 않고 사라져 버리기도 합니다.

이것이 소망의 딜레마입니다. 소망은 분명 사람에게 기쁨과 만족감을 주지만, 그것이 허상일 수도 있고 망상일 수도 있습니다. 그래서 어떤 사람은 간절히 바라던 소망이 좌절된 경우 극단적인 선택을 하기도 하고 자신의 삶을 망가뜨리기도 합니다. 이처럼 소망은 긍정적인 측면과 부정적인 측면을 모두 가지고 있습니다.

이러한 소망의 딜레마로 인해 우리가 직관적으로 유추할 수 있는 명확한 사실이 있습니다. 그것은 사람이 가진 소망이 불완전하다는 것입니다. 그 이유는 사람이 불완전하기 때문이고 사람이 가진 믿음도 불완전하기 때문입니다. 사람은 소망하는 바를 반드시 이루어 낼 수 있는 재간이 없습니다. 물론 이루어 낼 수 있는 가능성이 있지만 그 가능성이 필연적인 것은 아닙니다. 그래서 일부의 사람들은 자신의 소망을 그저 바라만 보는 것으로 만족해합니다. 그저 소망을 믿음으로 기뻐하는 용도로 소망을 사용하는 것입니다.

소망을 기쁨의 용도로 사용하는 것은 우리의 삶에 매우 중요한 요소입니다. 그리고 그 기쁨이 잘못된 것도 아닙니다. 다만 저는 소망이 허무함을 가지고 있다는 점을 이야기하려는 것뿐입니다. 소망에는 딜레마가 있고, 그 딜레마는 사람들에게 허무함을 만들어 낼 수 있다는 것을 말입니다.

분명 우리가 사는 세상에는 소망을 이루는 사람들이 많이 있습니다. 그리고 그들은 어쩌면 소망의 딜레마를 생각하기 전에 먼저는 소망을 향해 한 발자국 더 내딛는 실행력이 중요하다고 여길지 모릅니다. 이렇게 진취적인 사람에게는 소망이 허무하다는 말이 와 닿지 않을 수 있습니다.

하지만 모든 인생은 이내 죽음을 맞이합니다. 만약 죽음이 없다면 소망에 대하여 진취적인 사람들의 생각이 모두 옳다고 여길 수 있습니다. 하지만 죽음을 내포하는 인생이라면, 그 누구도 소망의 딜레마를 고민하지 않을 수 없습니다.

수도사인 토마스 아 켐피스(Thomas A. Kempis, 약 1380-1471)는 죽음에 대해서 이렇게 말합니다.

> 이 세상에서의 삶의 종말은 매우 빨리 오게 될 것입니다. 그 후에 오게
> 될 또 다른 세상에서 당신은 어떻게 될 것인가를 생각해 보십시오. 오
> 늘 여기에 존재하는 사람이 내일이면 사라져 버릴지도 모릅니다. 또한
> 우리의 시야에서 떠나 버린 사람은 우리의 마음속에서도 쉽사리 잊혀
> 지고 말 것입니다. 아! 그저 현실의 문제에만 급급하고 다가올 미래의
> 세계에 대해서는 관심조차 없는 인간의 마음은 얼마나 어리석고 답답
> 한지요! 마치 오늘로써 이 세상의 삶을 하직할지도 모른다는 생각으로
> 행동과 사고에 신중을 기하여야 마땅할 것입니다. 만일 당신이 선한
> 양심을 소유하고 있다면 죽음에 대하여 그다지 두려워하지 않을 것입
> 니다.[61]

제가 말하고 싶은 것은 소망을 경계하자는 것이 아닙니다. 혹은 소망을 폐기 처분하자는 것도 아닙니다. 다만 죽을 수밖에 없는 인생과 소망의 불완전함이 가지는 한계에 대해서 생각해 보자는 것입니다. 그리고 사람은 완전한 소망을 발견할 수 없는가에 대해서도 말입니다.

---

61 토마스 아 켐피스, 『그리스도를 본받아』(고양: 크리스챤다이제스트, 2002), 84.

만약 완전한 소망이 존재한다면, 그것은 어떤 모양일까요? 어떤 냄새가 날까요? 어떤 맛이 느껴질까요? 어떤 느낌일까요? 이에 대해서 명명백백하게 알아낼 수는 없지만, 분명한 사실이 하나 있습니다. 그것은 완전한 소망은 불완전한 사람으로부터 나오지 않는다는 사실입니다. 이에 따르면 하나의 결론이 파생됩니다. 완전한 소망은 완전한 존재로부터 나와야 한다는 것입니다. 이에 대한 성경구절이 있습니다.

> 나의 영혼아 잠잠히 하나님만 바라라 무릇 나의 소망이 그로부터 나오는도다 오직 그만이 나의 반석이시요 나의 구원이시요 나의 요새이시니 내가 흔들리지 아니하리로다 _시편 62:5-6

성경 저자는 자신의 소망이 하나님의 존재로부터 나온다는 고백을 하고 있습니다. 이 고백을 할 수 있는 이유는 하나님으로부터 나오는 소망만이 굳건한 반석처럼 흔들리지 않기 때문입니다. 즉, 불완전한 사람으로부터 나오는 소망이 아니라, 하나님의 존재적 특성으로부터 나온 소망만이 완전하다는 사실을 고백하는 것입니다.

과연 그럴까요? 하나님의 존재로부터 나오는 소망은 완전한 걸까요? 네, 그렇습니다. 왜냐하면 하나님의 존재로부터 나오는 소망은 필연성을 내포하기 때문입니다. 그 소망은 반드시 이루어집니다. 그리고 변하지 않습니다. 거짓이나 불의가 없습니다. 그 소망은 영원합니다. 완전한 소망은 이러한 특징을 가지고 있습니다. 따라서 완전한 소망은 분명 하나님의 존재로부터 나오는 것이어야만 합니다.

하나님의 소망은 완전하며, 그 소망은 사람을 완전하게 하는 것입니다. 그런데 자칫 사람이 완전해지는 것을 하나님과 같이 되는 것으로 생각해서는 안 됩니다. 왜냐하면 사람의 완전함은 하나님과 동일한 것이 아니라, 하나님으로부터 파생된 것이기 때문입니다. 사람은 창조자도, 스스로 있는 자도 아닙니다. 다만 하나님으로부터 완전함을 부여받은 존재가 되는 것입니다.

그렇다면 하나님이 사람을 완전하게 하는 모습은 무엇일까요? 그것은 사람이 가진 모든 불완전함이 해결되는 상태를 말합니다. 그 완전함에는 죽음이 들어설 자리가 없습니다. 그리고 거짓이나 불의가 없습니다. 죄나 악이 없습니다. 불법이 없습니다. 아픈 것도 없습니다. 이는 사람이 태생적으로 가지고 있는 모든 불완전함이 해결된 상태를 말합니다. 하나님은 이러한 소망을 그분의 존재로부터 사람에게로 흘려보내 주는 것입니다. 따라서 사람은 하나님의 존재로부터 완전한 소망을 부여받을 수 있습니다.

그런데 이 소망은 하나님을 향한 믿음을 필연적으로 내포합니다. 즉, 완전한 소망의 실상은 하나님을 향한 믿음이 됩니다. 그리고 그러한 소망은 아직 이루어지지 않았지만 반드시 이루어질 필연성을 내포하고 있기 때문에 소망의 딜레마나 허무함을 극복합니다.

이와 같은 소망은 영적인 것입니다. 왜냐하면 세상의 것들은 언젠간 소멸되기 때문입니다. 그리고 사람은 소멸되는 것을 영원토록 가질 수 없기 때문입니다. 이러한 세상의 것들은 완전한 소망이 될 수 없습니다. 이에 대해 예수 그리스도는 다음과 같은 비유의 말씀을 들려주셨습니다.

> 또 비유로 그들에게 말하여 이르시되 한 부자가 그 밭에 소출이 풍성하매 심중에 생각하여 이르되 내가 곡식 쌓아 둘 곳이 없으니 어찌할까 하고 또 이르되 내가 이렇게 하리라 내 곳간을 헐고 더 크게 짓고 내 모든 곡식과 물건을 거기 쌓아 두리라 또 내가 내 영혼에게 이르되 영혼아 여러 해 쓸 물건을 많이 쌓아 두었으니 평안히 쉬고 먹고 마시고 즐거워하자 하리라 하되 하나님은 이르시되 어리석은 자여 오늘 밤에 네 영혼을 도로 찾으리니 그러면 네 준비한 것이 누구의 것이 되겠느냐 하셨으니 자기를 위하여 재물을 쌓아 두고 하나님께 대하여 부요하지 못한 자가 이와 같으니라 _누가복음 12:16-21

하나님은 사람들이 새로운 소망에 눈을 뜨게 하십니다. 그것은 일시적인 소망으로부터 완전한 소망으로 그 시선을 바꾸는 일을 말합니다. 다시 말해 세상의 것으로부터 영적인 것으로 사람이 궁극적으로 바라보아야 하는 소망의 형태를 바꾸는 것입니다. 그로 인해 사람들로 하여금 하나님이 소망하는 것을 소망하도록 하십니다.

그렇다면 이렇게 하나님의 소망을 소망하는 일은 사람에게 기쁨과 만족감을 가져다줄 수 있을까요? 물론, 그렇습니다. 왜냐하면 모든 사람은 근원적으로 완전함을 꿈꾸고 있기 때문입니다. 하나님의 소망은 어머니가 자신의 바람을 이루기 위해 자녀를 혹사시키는 욕심이 아닙니다. 하나님의 존재로부터 나오는 소망은 그러한 것이 아닙니다. 하나님은 자녀의 마음 깊숙한 곳에 있는 바람이 무엇인지를 아십니다. 그것은 완전함입니다. 그렇기에 하나님은 자녀의 진정한 소망을 이루어 주시기 위해 자신도 그와 같은 소망을 가지시는 것입니다.

이 소망은 인류를 위해서도 중요합니다. 왜냐하면 인류가 그려 내는 소망은 자칫 더 많은 불완전함을 만들어 낼 수도 있기 때문입니다. 그래서 소망이 완전하려면 그 가치가 완전해야 합니다. 완전한 가치는 바른 목적과 의미를 지녀야 합니다. 그런데 바른 목적과 의미는 불완전한 사람의 내면이 아닌, 그 바깥에 있는 절대적이며 초월적인 기준으로 정해지는 것입니다.

여러분이 가지고 싶은 진정한 소망은 무엇인가요? 무엇이 인류를 위한 진정한 소망이 될까요? 이러한 질문에 대한 답이 하나님의 소망 속에 들어 있습니다. 하나님의 존재로부터 나오는 소망만이 사람을 완전하게 바꿀 수 있기 때문입니다.

소망의 완전함을 직관적으로 추론해 보시기 바랍니다. 소망을 끊임없이 꿈꾸어 보시기 바랍니다. 과연 내가 진정으로 바라는 것이 무엇인지를 면밀하게 확인해 보시기 바랍니다. 그리고 과연 그것을 이룰 수 있는지 객관적으로 검토해 보시기 바랍니다. 마침내 이 모든 일을 끝까지 추구해 나갔을 때 발견되는 사실을 확인해 보시기 바랍니다.

그 누구도 하나님의 존재가 아니라면 소망의 완전함에 다다를 수 없습니다. 다만 저는 인류가 완전한 소망을 발견하기를 바랄 뿐입니다. 토마스 아 켐피스는 이렇게 말합니다.

> 생의 마지막 순간에 이르러 자기가 원하고 생각했던 것처럼 인생을 살아온 사람이 있다면 그는 얼마나 지혜롭고 행복한 자일까요. 참으로 행복한 죽음이란 죽는 순간에 과거의 생애를 돌이켜 보았을 때 후회함이 없는 죽음을 말하는 것입니다. … 지금 회개를 통하여 당신의 몸과 마음을 깨끗이 하십시오. 그리하면 당신은 굳건한 믿음과 구원의 소망을 가질 수 있을 것입니다.[62]

---

[62] 토마스 아 켐피스, 『그리스도를 본받아』, 85-86.

26. 사랑에 관하여

사랑은 모든 만물이 밟고 자라는 땅과 같습니다. 땅이 없으면 살아 있는 모든 존재의 기반이 사라지기 때문입니다. 땅이 없으면 물도 없습니다. 왜냐하면 아무리 깊은 바다라 할지라도 그 바다의 기반은 땅이기 때문입니다. 물론 이것은 비유입니다만, 그 누구라도 충분히 공감할 만한 비유입니다.

땅은 생명을 탄생시킵니다. 그리고 생명을 유지하고 보존합니다. 생명은 생명 그 자체로 소중한 것이지만, 땅이 없는 생명은 상상할 수 없을 정도로 무의미해집니다. 왜냐하면 땅이 없다는 것은 그 생명의 기반이 없어져 버렸다는 말이기 때문입니다.

사랑은 땅과 같습니다. 사랑은 생명을 탄생시키고 유지하고 보존합니다. 다만 땅보다 사랑이 더 위대한 점은 사랑은 눈에 보이는 존재뿐만 아니라 보이지 않는 관계까지도 침투해 들어가기 때문입니다. 사랑은 생명과 생명을 연결합니다. 그리고 생명으로 기쁨과 즐거움을 선사합니다. 따라서 사람은 모두 사랑을 흠모합니다. 그리고 사랑하며 살기를 원합니다.

그런데 사랑은 쉽게 소유되지 않습니다. 왜냐하면 그것은 사고파는 물건이 아니기 때문입니다. 우리는 돈을 지불하고 땅을 살 수는 있지만, 돈을 지불하고 사랑을 살 수는 없습니다. 돈이 사랑을 만들어 내는 데 일조할지는 모르겠지만, 돈을 지불하는 것과 사랑을 사는 것에는 경제적인 관계가 성립되지 않습니다. 사랑은 아주 고귀합니다. 그것은 훌륭하고 높고 귀하고 값을 매길 수 없을 정도의 가치가 있습니다.

그러나 불완전한 사람이 지닌 사랑은 항상 아름답지만은 않습니다. 고귀한 사랑이 아름답지 않을 때도 있습니다. 사랑은 추함을 드러내기도 하고, 이기심과 욕망을 분출하기도 합니다. 사랑은 상대방을 언짢게 하기도 하고 불쾌하게 하기도 합니다. 누군가에게 사랑은 아름다운 추억이 되기도 하지만 누군가에게 사랑은 쓰라린 추억으로 남기도 합니다.

고귀한 사랑이 때로 아름답지 않은 이유는 사람의 불완전함에 영향을 받기 때문입니다. 불완전한 사람은 사랑의 변질을 만들어 냅니다. 이로써 고귀한 사랑의 가치는 현격히 급감합니다. 사랑의 고귀함이 희석되고 매몰됩니다. 심지어 돈으로는 살 수 없는 사랑의 가치가 돈보다 가치 없는 것이 되기도 합니다.

저는 이러한 변질된 사랑이 단지 육체적 사랑이라고 말하려는 것이 아닙니다. 육체적 사랑도 아름다울 수 있고, 정신적 사랑도 불쾌할 수 있습니다. 다만 육체적이든 정신적이든 이 모든 사랑이 불완전한 사람으로 인해 나쁜 쪽으로 바뀌고 있다는 사실입니다. 그 모든 원인이 불완전한 사람에게 있습니다.

여기에서 말하는 사랑의 변질이란 완전함이 결여된 상태를 말합니다. 우리가 매일 경험하는 사랑은 완전함을 찾아볼 수 없습니다. 그리고 그 사랑은 불완전한 사람과 연결되어 있습니다. 이것이 사랑의 현실입니다.

그렇다면 완전한 사랑이 있기는 한 걸까요? 우리는 완전한 사랑을 직관적으로 깨달을 수 있습니다. 우리는 수시로 사랑을 비교합니다. 사랑을 분석합니다. 사랑을 판단합니다. 이 모든 분석과 판단은 사랑의 완전함을 추론하게 만듭니다. 그리고 우리는 모두 완전한 사랑을 원합니다.

모든 사람의 존재와 관계는 사랑을 기반하고 있습니다. 사람은 태어날 때부터 사랑을 경험합니다. 그리고 사랑으로 성장하고 성숙합니다. 비록 사람이 불완전하다고는 할지라도, 누군가를 향한 사랑이 또 다른 누군가를 돕는다는 것은 명백한 사실입니다.

그러나 곧 사랑의 불완전함은 그 속내를 드러냅니다. 사랑하지만 상처를 받게 됩니다. 사랑하지만 아프기도 합니다. 사랑하지만 죽고 싶을 정도로 고통스러울 때도 있습니다. 이 모든 것이 불완전한 사랑이 가지는 모습입니다.

이 부분에 이르렀을 때, 우리는 사랑이 가지는 현실에 눈을 뜨게 됩니다. 그 현실은 불완전한 사랑과 완전한 사랑 사이에 벌어지는 맹렬한 감정의 탄식입니다. 사람은 자신이 원하는 완전한 사랑에까지 도무지 도달할 수가 없고, 그렇다고 불완전한 사랑에 만족할 수도 없는 상태에 빠지게 됩니다.

이러한 상태는 많은 심각한 부작용을 초래합니다. 분노, 다툼, 싸움, 원망, 후회, 좌절 등의 감정들이 생겨나기도 합니다. 극단적으로는 생명에 지장을 주거나 피해를 주는 일까지도 일어나게 됩니다. 여러 가지 사건의 근본 원인을 파헤쳐 본다면, 대다수의 원인은 사랑인 경우가 많습니다. 불완전한 사랑의 피해자가 또 다른 피해자를 만들어 내는 일들이 끊임없이 반복되는 것입니다.

그렇다면 불완전한 사람은 도무지 완전한 사랑을 할 수 없는 것일까요? 완전한 사랑이 불가능한 것은 아닙니다. 하지만 실제로 완전한 사랑에 도달하는 것은 매우 어렵습니다. 왜냐하면 그것은 자기 자신을 포기하는 일이기 때문입니다.

또 네 이웃을 사랑하고 네 원수를 미워하라 하였다는 것을 너희가 들었으나 나는 너희에게 이르노니 너희 원수를 사랑하며 너희를 박해하는 자를 위하여 기도하라 이같이 한즉 하늘에 계신 너희 아버지의 아들이 되리니 이는 하나님이 그 해를 악인과 선인에게 비추시며 비를 의로운 자와 불의한 자에게 내려주심이라 너희가 너희를 사랑하는 자를 사랑하면 무슨 상이 있으리요 세리도 이같이 아니하느냐 또 너희가 너희 형제에게만 문안하면 남보다 더하는 것이 무엇이냐 이방인들도 이같이 아니하느냐 그러므로 하늘에 계신 너희 아버지의 온전하심과 같이 너희도 온전하라 _마태복음 5:43-48

"원수를 사랑하라 … 너희도 온전하라"라고 요구하는 신의 존재는 우리에게 완전한 사랑에 이를 것을 요청합니다. 그 완전함이란 원수까지도 사랑하는 것입니다. 자신이 생각했을 때 받아들일 수도 없고, 용서할 수도 없고, 상종할 수도 없는 원수를 사랑하는 것입니다. 그것이 완전한 사랑이라는 것입니다.

이 일을 실천하는 것은 매우 어렵습니다. 원수를 사랑하는 것은 단순히 화해하는 정도가 아니기 때문입니다. 어렸을 때 아이들은 다투다가도 곧잘 화해를 합니다. 아이들은 원수도 비교적 쉽게 용서하는 것처럼 보입니다. 그런데 정말 그럴까요? 실상은 그렇지 않습니다. 아이들도 원수는 원수로 알아봅니다. 그리고 화해의 행동이 마음에까지 이르지 못하는 경우가 많습니다.

그래서 아이들 사이에 끼리끼리가 형성되고, 자신과 잘 맞는 아이와 더 친밀해집니다. 때로는 따돌림이나 무시하는 일들도 발생합니다. 왜 이런 일들이 일어날까요? 그것은 원수를 사랑할 수 없기 때문입니다.

원수를 사랑하는 것은 정말 힘든 일입니다. 그것은 누구나 쉽게 받아들일 수 있는 일이 아닙니다. 때로는 화해의 행동은 하면서도 마음은 화해를 누리지 못할 수도 있습니다. 반대로 마음은 화해를 하고 싶지만 겉으로 표현하지 못할 수도 있습니다.

더 힘든 상황은 원수가 자신의 삶을 파탄에 이르게 한 경우입니다. 이런 경우 상대방을 이해하고 용서하고 심지어 사랑하는 것은 도무지 사람이 해낼 법한 일이 아닌 것처럼 보이기도 합니다. 그저 상대방이 죽어 버렸으면 좋겠다는 마음뿐이라면 그 마음을 바꾸는 것은 극심한 고통을 감내하는 일일 것입니다.

그래서 어떤 사람들은 원수까지도 사랑하라는 하나님의 계시를 다만 실행이 불가능한 목표로 여기는 경우도 있습니다. 그것은 단지 목표 지점일 뿐 도무지 현실에서 실천해 낼 수 없는 일이라고 여기는 것입니다. 그렇게 생각하며 자신의 사랑을 합리화하는 것입니다.

하지만 하나님의 계시는 그런 식으로 받아들여지지 않습니다. 왜냐하면 하나님의 존재는 분명하게 자신의 완전한 사랑을 알려 주시면서 그 사랑을 따르도록 요청하기 때문입니다. 하나님은 단지 원수를 사랑하는 것이 목표 지점이라고 하지 않고, 정확하게 "원수를 사랑하라"라고 명령함으로 사람들에게 실천적인 행동을 촉구하고 있기 때문입니다.

그런데 이 부분에 있어서 어떤 사람들은 하나님의 사랑이 과연 원수까지도 사랑하는 사랑인지 의아해할 수도 있을 것입니다. 아마 그런 사람들은 단번에 지옥을 떠올릴 것입니다. 그리고 지옥을 근거로 과연 신의 사랑이 완전한지 의문을 품을 것입니다.

지옥에 대해서는 C. S. 루이스의 『천국과 지옥의 이혼』(*The Great Divorce*)이라는 소설의 내용이 도움이 될 것입니다. 그는 이 책의 서문에서 이렇게 말합니다.

나는 잘못된 길을 택했다고 해서 무조건 다 멸망한다고 생각지 않는다. 단지 잘못된 길을 택했을 때에는 올바른 길로 돌아와야만 구원받을 수 있다고 생각할 뿐이다. 산수 문제를 잘못 풀었을 때에도 답을 바로잡을 수는 있는 법이다. 그러나 그렇게 하려면 계산한 과정을 되짚어서 실수한 지점을 찾아낸 다음 새로이 계산을 시작해야지, 무조건 계산을 계속해서는 안 된다. 악을 무위로 돌릴 수는 있어도, '발전시켜' 선으로 만들 수는 없다. 시간이 지난다고 해서 저절로 좋아지는 경우는 없다. 저주는 '저주를 푸는 힘을 가진 역주문'으로 조금씩 풀어 나갈 수밖에 없다. 역시 '흑 아니면 백'의 문제인 것이다. 지옥을 붙들고 있는 한 천국은 볼 수 없다. 천국을 받아들이려면 지옥이 남긴 아주 작고 소중한 기념품까지 미련 없이 내버려야 한다.[63]

하나님의 심판은 사랑의 완전함을 훼손하지 않습니다. 지옥에 대해서 명확하게 알 수 있는 사실이 많이 없지만, 분명하게 알 수 있는 사실 한 가지가 있습니다. 지옥에서는 완전한 사랑을 찾아볼 수 없다는 것입니다. 반면 천국에서는 완전한 사랑만이 가득할 것입니다. 지옥에는 원수가 가득하겠지만, 천국에서는 원수가 전혀 없을 것입니다. 지옥은 사람들 사이에서 용서가 전혀 일어나지 않겠지만, 천국은 사람들 사이에 100%의 용서로 충만할 것이기 때문입니다.

신학자인 톰 라이트(Thomas Wright)는 천국에서 일어나는 용서에 대해서 이렇게 말합니다.

신약 성경이 약속하는 세계는 하나님뿐 아니라 모든 하나님의 백성이 용서를 베푸는 세계입니다. 구속받은 사람들이 누리는 큰 기쁨의 일부

63 C. S. 루이스, 『천국과 지옥의 이혼』(서울: 홍성사, 2019), 9–10.

는, 그들이 자신에게 행해진 모든 일을 전적이고 최종적으로 용서할 수 있게 됨으로써 그들이 누리는 삶과 행복에는 과거로부터 드리워지는 그림자가 전혀 없을 것이라는 점입니다. 과거의 고통과 불의도 그들에게 더는 영향을 끼치지 못할 것입니다.[64]

모든 사람이 완전한 사랑을 이루어 낼 수 있는 곳, 그곳이 바로 천국입니다. 하나님의 존재는 우리가 이러한 완전한 사랑을 추구하도록 합니다. 그리하여 우리의 삶에 완전한 사랑이 더 가치 있게 빛나기를 바랍니다. 이 일이 우리가 사는 세상을 더 아름답고 의미 있고 가치 있게 만들기 때문입니다.

하나님은 친히 이 사랑의 본을 보여 주셨습니다. 그 절정이 바로 예수 그리스도의 십자가입니다. 예수 그리스도는 십자가에서 죽기 직전에 이렇게 말했습니다.

예수께서 이르시되 아버지 저들을 사하여 주옵소서 자기들이 하는 것을 알지 못함이니이다 하시더라 _누가복음 23:34

예수 그리스도는 죽어가는 마지막 순간에서도 완전한 사랑을 보여 주었습니다. 예수 그리스도는 자신에게 극심한 고통을 주었던 원수까지도 사랑했습니다. 이 사랑이 세상을 완전하게 하리라는 사실

---

64 톰 라이트, 『악의 문제와 하나님의 정의』(서울: 한국기독학생회출판부, 2008), 169.

을 알았기 때문입니다. 그리고 자신을 따르는 수많은 사람들이 이 사랑을 통하여 세상을 아름답게 하기를 바랐기 때문입니다.

여러분은 지금 가족, 친구, 연인, 이웃 등 누군가를 완전하게 사랑하고 있습니까? 만약 아니라면, 지금 이 순간부터 하나님이 알려주는 완전한 사랑으로 나아가 보기를 바랍니다. 완전한 사랑으로 세상을 아름답게 바꿔가기를 바랍니다. 그리고 하나님의 말씀을 날마다 기억하길 바랍니다.

믿음, 소망, 사랑, 이 세 가지는 항상 있을 것인데 그 중에 제일은 사랑이라 _고린도전서 13:13

27. 만남에 관하여

불완전한 사람이 완전한 신을 만날 수 있는가?

만약 완전한 존재가 있다면, 불완전한 존재가 완전한 존재를 정확하게 아는 일은 불가능합니다. 불완전함과 완전함이라는 간격은 상상할 수 없는 거대한 차이를 만들어 내기 때문입니다. 그렇기에 만약 사람이 하나님을 정확하게 알 수 있다면, 그것은 사람의 능력으로 아는 것이 아닙니다. 즉 하나님과의 만남은 그분이 자신을 알려 주기에 가능하게 된다고 볼 수 있습니다.

예를 들어 우리는 한 번도 먹어 보지 못한 과일의 맛을 알 수 없습니다. 그 과일을 먹어 본 누군가가 미사여구를 동원하여 그 맛을 자세하게 설명해 준다고 하더라도, 그 설명과 맛을 느끼는 것에는 상당한 차이가 있기 때문입니다. 하지만 그 과일을 재배하는 과수원 주인이 그 미지의 과일을 먹어 보지 못한 우리에게 그 과일을 맛보게 해 준다면, 우리는 어떤 설명도 필요치 않을 정도로 과일의 맛을 알 수 있게 됩니다.

불완전한 존재가 완전한 하나님의 존재를 아는 일은 누군가가 완전한 하나님의 존재를 알려 주어야 가능합니다. 그런데 문제는 그 누가 완전한 하나님의 존재를 알려 줄 수 있느냐는 것입니다. 불완전한 사람은 그 누구도 이 일을 감당할 수 없습니다. 따라서 완전하신 하나님 자신 스스로가 우리에게 자신의 존재를 알려 주어야 합니다.

우리는 하나님께서 자신을 우리에게 알려 주셔야만 그분의 존재를 알 수 있습니다. 하나님과의 만남도 그렇습니다. 우리는 하나님께서 우리를 만나 주셔야만 그분의 존재를 만날 수 있습니다. 이러한 만남을 위해서 하나님은 예수 그리스도를 통해서 이 땅에 나타나셨습니다. 예수 그리스도를 통해 우리가 하나님의 존재를 만날 수 있게 된 것입니다.

그런데 이러한 만남을 위해서는 우리에게 필요한 마음의 상태가 있습니다. 이에 대해서 예수 그리스도는 다음과 같이 말씀합니다.

> 그런즉 씨 뿌리는 비유를 들으라 아무나 천국 말씀을 듣고 깨닫지 못할 때는 악한 자가 와서 그 마음에 뿌려진 것을 빼앗나니 이는 곧 길가에 뿌려진 자요 _마태복음 13:18–19

마음에 뿌려진 것을 빼앗기게 되는 상황이 발생한다면, 우리는 계시를 받았어도 하나님의 존재를 만나기 어렵게 됩니다. 하나님은 사람에게 자유의지를 주어서 사람의 마음에 일어나는 모든 상황을 선택하도록 했습니다. 이로 인해 계시의 작용은 마음의 상태에 영향을 받게 되는 것입니다.

결과적으로 마음의 상태에 따라 계시의 작용이 달라집니다. 마치 콩 심은데 콩 나고, 팥 심은데 팥 나는 것과 같은 상황이 우리의 마음에 펼쳐지게 된 것입니다. 우리가 지닌 마음의 상태가 하나님의 존재를 만날 수 있게 될지 그렇지 않게 될지를 결정하는 요인으로 작용하게 된 것입니다.

따라서 만약 하나님의 존재를 만나기 원한다면 먼저 우리는 마음을 바꿔야 합니다. 일차적으로 우리에게 필요한 것은 하나님의 존재를 알기 원하는 마음을 가지는 일입니다. 그리고 하나님의 존재를 향한 나의 마음을 수시로 점검해야 합니다. 내 마음속에 있는 믿음, 소망, 사랑이 지금 어떤 상태인지를 확인해 보는 것입니다. 이러한 마음의 점검이 필요한 이유는 하나님께서 사람의 마음을 중요하게 여기시기 때문입니다.

너는 마음을 다하여 여호와를 신뢰하고 네 명철을 의지하지 말라 _잠언 3:5

모든 지킬 만한 것 중에 더욱 네 마음을 지키라 생명의 근원이 이에서 남이니라 _잠언 4:23

마음이 청결한 자는 복이 있나니 그들이 하나님을 볼 것임이요 _마태복음 5:8

너희는 이 세대를 본받지 말고 오직 마음을 새롭게 함으로 변화를 받
아 하나님의 선하시고 기뻐하시고 온전하신 뜻이 무엇인지 분별하도
록 하라 _로마서 12:2

하지만 불행하게도 불완전한 사람은 종종 자신의 마음을 다스리
지 못하는 지경에 이릅니다. 완전함을 추구하기보다는 불완전함을
더 좋아하곤 합니다. 그래서 믿음도 소망도 사랑도 성경도 계시도
먼 나라의 일로 취급해 버릴 때가 많습니다.

사람은 지금 누려야 할 만족을 더 중요하게 여깁니다. 때로는 불
완전함이 익숙해지기도 합니다. 죽음은 앞으로의 나에게 일어나게
될 일이 아닌 것처럼 오늘을 살아갈 때가 많습니다. 그저 아무런 생
각 없이 시간을 허비할 때도 있습니다.

이러한 우리의 불완전한 마음의 상태를 바꾸기 위해 하나님은 한
가지의 방법을 사용하였습니다. 그것은 우리가 믿음, 소망, 사랑을
역사적 사건으로 배울 수 있도록 한 것입니다. 그리고 그 역사적 사
건으로 인해 사람들이 믿음, 소망, 사랑을 추구하는 삶을 살도록 한
것입니다. 이 위대한 역사적 사건은 예수 그리스도의 삶 속에 들어
있습니다.

예수 그리스도는 우리에게 믿음의 모범이 되었습니다. 완전한 믿
음은 하나님의 계획에 대한 의지적 행동으로 나아간다고 했습니다.
예수 그리스도는 자신의 모든 삶 속에서 하나님의 계획에 순종했습
니다. 이로써 우리는 예수 그리스도를 통해 하나님을 향한 믿음이

무엇인지를 깨달아 알게 되었습니다.

또한 예수 그리스도는 소망의 모범이 되었습니다. 예수 그리스도의 소망은 온 세상의 완전함이었습니다. 그 일을 위해서는 불완전한 존재가 다시 태어나야 했습니다. 그리고 예수 그리스도는 이 소망을 부활로 이루어 내었습니다. 예수 그리스도의 부활은 첫 열매가 되어, 하나님을 향한 완전함이 세상에 발현되는 출발점이 되었습니다.

마침내 예수 그리스도는 사랑의 모범이 되었습니다. 위대한 사랑은 자신을 희생할 때 나타납니다. 예수 그리스도는 십자가에서 죽음으로써 위대한 사랑의 결정체가 되었습니다. 그리고 이 사랑이야말로 모든 사람이 추구해야 할 완전한 모델이 되었습니다.

이제 우리는 예수 그리스도의 삶 속에서 나타난 믿음과 소망과 사랑으로 하나님의 존재를 만날 수 있게 되었습니다. 하나님은 예수 그리스도를 통하여 사람들의 마음에 완전함의 씨앗을 심어 주셨습니다. 그리고 그 씨앗이 열매 맺도록 하셨습니다.

예수 그리스도는 하나님과 사람을 연결하는 연결 고리가 되었습니다. 불완전한 사람이 완전한 하나님을 만날 수 있게 된 것은 예수 그리스도 때문입니다. 우리는 예수 그리스도를 통하여 믿음, 소망, 사랑의 완전함을 배우게 되었습니다. 그리고 우리는 예수 그리스도로 인하여 삶의 변화를 이끌어 낼 수 있게 되었습니다.

그런즉 누구든지 그리스도 안에 있으면 새로운 피조물이라 이전 것은 지나갔으니 보라 새 것이 되었도다 _고린도후서 5:17

너희가 전에는 어둠이더니 이제는 주 안에서 빛이라 빛의 자녀들처럼 행하라 빛의 열매는 모든 착함과 의로움과 진실함에 있느니라 _에베소서 5:8-9

하나님을 만나는 것은 변화를 경험하는 일입니다. 이러한 변화의 경험은 하나님의 존재에 대한 확실성을 분명하게 해 줍니다. 그리고 마침내 이루어질 변화의 완성은 예수 그리스도가 부활한 모습에까지 이르는 것입니다.

보라 내가 너희에게 비밀을 말하노니 우리가 다 잠 잘 것이 아니요 마지막 나팔에 순식간에 홀연히 다 변화되리니 나팔 소리가 나매 죽은 자들이 썩지 아니할 것으로 다시 살아나고 우리도 변화되리라 _고린도전서 15:51-52

우리가 다 수건을 벗은 얼굴로 거울을 보는 것 같이 주의 영광을 보매 그와 같은 형상으로 변화하여 영광에서 영광에 이르니 곧 주의 영으로 말미암음이니라 _고린도후서 3:18

하나님의 존재에 대한 만남의 시작은 불완전한 우리의 마음에서부터였지만, 그 만남의 완성은 우리의 완전한 변화에 있습니다. 하나님은 이 위대한 계획 속으로 우리를 초청하십니다. 그리고 우리가 이 계획을 믿고, 소망하고, 사랑하길 원하십니다.

하나님은 이 같은 만남을 위해 우리에게 교회를 선물하셨습니다. 그리고 교회에서 행해지는 예배를 통해 우리가 예수 그리스도를 만나도록 하셨습니다.

> 또 만물을 그의 발 아래에 복종하게 하시고 그를 만물 위에 교회의 머리로 삼으셨느니라 교회는 그의 몸이니 만물 안에서 만물을 충만하게 하시는 이의 충만함이니라 _에베소서 1:23

> 아버지께 참되게 예배하는 자들은 영과 진리로 예배할 때가 오나니 곧 이 때라 아버지께서는 자기에게 이렇게 예배하는 자들을 찾으시느니라 하나님은 영이시니 예배하는 자가 영과 진리로 예배할지니라 _요한복음 4:23-24

교회의 목적은 하나님의 존재를 알리는 것에 있습니다. 그리고 그 일을 통하여 세상에 완전함이 충만하게 하려는 것입니다. 교회에서 드려지는 예배는 하나님의 존재를 향한 사람의 합당한 예우입니다. 예배를 통해 사람은 하나님의 존재에 대한 합당한 마음을 순수하게 표현할 수 있습니다.

저는 단순히 교회를 가야만 하나님의 존재를 만날 수 있다고 말하는 것이 아닙니다. 다만 교회를 가는 일이 하나님의 존재를 체험할 수 있는 가능성이 가장 높다는 사실을 말하는 것입니다. 왜냐하면 교회는 예수 그리스도와의 만남을 최우선적으로 여기며, 하나님을 체험하기 위한 방식들을 다양하게 시행하고 있기 때문입니다.

하나님을 체험하는 것은 가시적인 일만이 아닙니다. 그것은 영적인 일이며 내재적인 일입니다. 그 만남은 분명 우리를 완성으로 이끌어 갑니다. 그리고 우리는 마침내 가장 위대한 성취를 이루어 냅니다. 하나님은 사람이 가지는 진정한 가치, 그것이 무엇인지를 삶에서 경험하도록 하십니다.

여러분은 하나님을 체험하길 원합니까? 그렇다면 여러분의 마음을 점검해 보기 바랍니다. 그리고 그 마음을 변화시킬 수 있는 예배의 자리로 나아가 보기를 바랍니다. 예배를 통해 여러분의 마음은 믿음과 소망과 사랑으로 충만해질 것입니다. 그리고 그때에는 이미 여러분의 마음속에 하나님의 존재에 관한 확신으로 가득해져 있을 것입니다.

28. 완성에 관하여

완성이란 무엇일까요? 보통 우리는 완성을 생각할 때, 무언가 부족한 점을 채우면 이루어지는 상태를 생각합니다. 그래서 우리는 숫자 99는 완성이 아니며, 99에 1을 더한 100이 완성이라고 생각합니다. 하지만 숫자 100을 세심하게 들여다보고, 곰곰이 생각해 보시기 바랍니다. 그러면 이러한 완성이라는 기준이 사람의 편견에 불과하다는 사실을 깨닫게 됩니다. 숫자 99가 완성일 수도 있고, 98이 완성일 수도 있습니다. 물론 89도 76도 완성일 수 있는 것입니다.

완성이란 부족함을 채우는 것이 아니라, 본래의 모습을 되찾는 것입니다. 각자의 존재가 지닌 본래의 모습으로 되돌아가는 것입니다. 이는 부족함을 채우는 일도 포함되지만, 오히려 넘치는 것을 빼는 일도 포함됩니다. 예를 들어, 우리가 바이올린의 각 현마다 본래의 음을 맞추려고 할 때, 낮은 음을 높이기도 하지만, 높은 음을 낮추기도 하는 것처럼 말입니다.

사람이라는 존재의 완성은 모든 사람이 똑같아지는 것이 아닙니다. 모두가 숫자 100이 되는 일이 아닙니다. 오히려 본래의 자리를 찾아가는 것입니다. 사람에게 부여된 본래의 완전함으로 되돌아가는 것입니다. 그것이 사람이라는 존재의 완성입니다.

하나님은 사람을 사랑하여 완전함에 이르게 하길 원하지만, 그분은 사람을 하나님의 존재와 동일한 위치에 서도록 하지는 않습니다. C.S.루이스는 말합니다.

> 어떤 의미에서, 많이 사랑하는 사람은 하나님과 '가까운' 사람입니다. 그러나 이는 물론 '유사성에 의한 가까움'이며, 그것 자체로서는 결코 '접근으로서의 가까움'이 될 수 없습니다. 그 유사성은 이미 주어져 있는 것입니다. 이는 우리 자신의 임무라고 할 수 있는, 더디고도 고된 접근과는 어떤 필연적 연관성도 없습니다. 그렇지만 어쨌든 그 유사성이 참으로 탁월한 것은 사실입니다.[65]

하나님은 사람이 그분과 100% 동일한 존재가 되도록 하지는 않습니다. 하나님의 목적은 사람이 숫자 100이 되도록 하는 것이 아닙니다. 오히려 하나님의 사랑은 불완전한 사람이 본래의 완전한 모습으로 되돌아가게 합니다. 그것이 하나님의 존재로부터 흘러나오는 사랑의 진면목이자 완성의 실체입니다.

성경은 사람의 존재가 완성되는 상태를 천국으로 묘사합니다. 천국은 사람의 존재가 완성되어 영원히 살아가는 곳입니다. 그곳에는 불완전함이 없고 모든 완전함이 가득한 상태로 있게 됩니다. 그렇기

---

[65] C. S. 루이스, 『네 가지 사랑』(서울: 홍성사, 2019), 24.

에 천국은 너무나도 좋은 곳입니다.

C. S. 루이스는 천국의 영광을 다음과 같이 이야기합니다.

> 현재 우리는 그 세계의 바깥, 그 문의 바깥쪽에 있습니다. 우리는 아침
> 의 신선함과 깨끗함을 인식하지만 그것이 우리를 신선하고 깨끗하게
> 만들지는 못합니다. 우리는 우리가 보는 그 광채와 뒤섞일 수가 없습
> 니다. 그러나 신약 성경의 모든 나뭇잎들은 언제나 그렇지는 않을 거
> 라는 소문을 퍼뜨리며 바스락거리고 있습니다. 언젠가, 하나님이 허락
> 하시면, 우리는 안으로 들어갈 것입니다. 인간의 영혼은 무생물이 묵
> 묵히 하나님께 순종하는 만큼 자발적으로 그분께 완전히 순종하게 될
> 때 자연의 영광을 덧입게 될 것입니다.[66]

사람들은 천국이 좋은 이유를 그곳에 좋은 것들이 가득하기 때문
이라고 합니다. 예를 들어 금은보화, 아름다운 자연, 화려한 집, 맛
좋은 음식 등이 있어서 천국이 좋다는 것입니다. 하지만 사실 천국
에는 '없는 것'이 많아서 좋습니다. 천국에 없는 것은 무엇일까요?
천국에는 사망, 애통, 눈물, 아픔 등이 없습니다.

> 모든 눈물을 그 눈에서 닦아 주시니 다시는 사망이 없고 애통하는 것
> 이나 곡하는 것이나 아픈 것이 다시 있지 아니하리니 처음 것들이 다
> 지나갔음이러라 _요한계시록 21:4

---

66 C. S. 루이스, 『영광의 무게』, 31.

천국이 완전한 이유는 그곳에 모든 것이 다 있기 때문이 아닙니다. 천국은 모든 상태의 합집합이 아닙니다. 오만 가지의 것들이 모두 다 들어와 있는 곳은 천국이 아닙니다. 오히려 천국은 있는 것들보다 없는 것들이 많기 때문에 완전합니다. 천국은 모든 존재가 가장 합당한 본래의 모습을 되찾은 상태라고 할 수 있습니다.

주께서 나를 모든 악한 일에서 건져내시고 또 그의 천국에 들어가도록
구원하시리니 그에게 영광이 세세무궁토록 있을지어다 아멘 _디모데후
서 4:18

1986년 개봉한 영화 〈미션〉(The Mission)의 주제곡 중 하나인 '넬라 판타지아'(Nella Fantasia) 가사 일부를 소개합니다.

환상 속에서 나는 정의로운 세상을 봅니다
모두가 평화롭고 정직하게 사는 세상을
나는 항상 자유로운 영혼을 꿈꿉니다
날아가는 구름처럼
인류에 대한 사랑이 가득한 영혼을 품고서
상상 속에서 나는 밝은 세상을 봅니다
밤에도 그리 어둡지 않은 세상을
나는 항상 자유로운 영혼을 꿈꿉니다
날아가는 구름처럼

인류에 대한 사랑이 가득한 영혼을 품고서

환상 속에는 따뜻한 바람이 있습니다

마치 친구처럼 도시를 감싸며 붑니다

나는 항상 자유로운 영혼을 꿈꿉니다

날아가는 구름처럼

인류에 대한 사랑이 가득한 영혼을 품고서

불완전한 사람의 자유 의지는 완전함을 잃어버리도록 만들었습니다. 자유 의지는 선을 선택할 수도 있지만, 도리어 악을 선택할 수도 있기 때문입니다. 이로써 완전함은 상처를 입었고, 사람은 점점 완전함에서 멀어져만 갔습니다. 불완전한 사람은 스스로 완성을 이룰 수 없었습니다. 불완전함으로는 완전함을 만들어 낼 수 없기 때문입니다.

하지만 기억해야 할 사실이 있습니다. 완전함에서 멀어져 간다고 해서 사람의 본래 모습이 완전하지 않은 것은 아니라는 사실입니다. 여전히 사람의 본래 모습은 완전함을 동경하고 있습니다. 사람은 매 순간 불완전함을 경험하지만, 그러면서도 매 순간 완전함을 갈망하고 있습니다. 이 갈망은 사람들에게 본래 모습을 동경하도록 만듭니다. 사람의 마음 깊숙한 곳에는 완전함이 심겨져 있기 때문입니다.

여기에서 한 가지 딜레마가 발생합니다. 모든 사람이 완전함을 꿈꾸지만, 그 완전함을 스스로의 자유 의지로 이루어 낼 수 없다는 것입니다. 왜냐하면 사람의 마음은 불완전함으로 가득하기 때문이고,

그 마음에 생각하는 것이 모두 악할 뿐이기 때문입니다.

이 딜레마를 해결하는 방법은 오직 완전한 하나님이 사람을 위해 무언가를 행하는 일밖에는 없었습니다. 그리하여 하나님은 어떤 일을 계획하였습니다. 그 일은 사람들이 완전함에 이르도록 하는 일이었습니다.

> 우리가 다 하나님의 아들을 믿는 것과 아는 일에 하나가 되어 온전한 사람을 이루어 그리스도의 장성한 분량이 충만한 데까지 이르리니 _에베소서 4:13

그런데 문제가 하나 발생했습니다. 그것은 하나님께서 사람을 완성하는 일을 하기 위해 그 계획을 사람이 받아들이도록 하는 것이었습니다. 부모가 아무리 좋은 선물을 가져와도 그 선물을 받으려고 하지 않는 자녀에게는 억지로 그 선물의 즐거움을 느끼게 할 수 없습니다. 왜냐하면 사람에게는 자유 의지가 있기 때문입니다.

이 문제를 해결하기 위해 하나님은 사람이 완성을 받아들일 수 있도록 역사적 사건을 사용하였습니다. 그것은 하나님이 죽음을 경험함으로 세상에서 나타날 수 있는 가장 위대한 사랑을 보여 주고, 이를 믿도록 하는 것이었습니다. 이 일을 통해 사람들이 하나님을 사랑하게 될 뿐만 아니라 그분의 계획에도 참여하도록 하는 것이었습니다.

무엇보다도 뜨겁게 서로 사랑할지니 사랑은 허다한 죄를 덮느니라 _베
드로전서 4:8

이 사랑은 너무나도 위대했기 때문에 수많은 사람들에게 하나님
의 존재를 향한 믿음과 소망과 사랑을 불러일으켰습니다. 그리고 사
람들이 하나님의 사랑을 추구하도록 했습니다. 왜냐하면 그 사랑을
추구하는 일이야말로 세상에서 가장 가치 있는 일이고 자신을 완전
한 존재로 성장시키는 일인 것을 알게 되었기 때문입니다.

만약 여러분이 진정 하나님을 만나길 원한다면, 하나님을 사랑해
보시기 바랍니다. 천국은 사랑으로 충만한 곳입니다. 사랑이 충만하
다는 말은 이미 그곳이 천국인 것을 증명하는 것입니다. 반면 사랑
이 충만하지 않은 곳은 이기심과 추함으로 가득할 것입니다. 그렇기
에 우리가 천국을 꿈꾼다면, 우리는 모든 존재를 사랑하는 완전함을
가져야 합니다.

사랑은 이웃에게 악을 행하지 아니하나니 그러므로 사랑은 율법의 완
성이니라 _로마서 13:10

하나님은 오래전부터 사람을 사랑하고 있었습니다. 그리고 그 사
랑으로 사람의 존재를 완성하길 원하셨습니다. 그 사랑은 사람이 본
래의 모습을 되찾도록 하는 일이었습니다. 이 일을 위해 모두가 숫
자 100이 될 필요는 없습니다. 하나님은 우리가 가지고 있는 본래의

모습을 사랑하시기 때문입니다.

이제 우리는 그분의 사랑을 누리기만 하면 됩니다. 그 사랑 안에서 참된 행복과 즐거움을 누리면 됩니다. 하나님과 함께 사랑을 누리는 것이야말로 그분의 존재를 가장 잘 체험하는 비결입니다. 우리가 그 사랑 안에 거할 때, 나라는 존재는 가장 나답게 완성될 수 있습니다.

이와 같은 하나님의 사랑 안에서 놀라운 완성을 꿈꿔 보시겠습니까?

나의 사랑, 내 어여쁜 자야 일어나서 함께 가자 _아가서 2:10

참고 문헌

1. 단행본

도킨스, 리차드. 『만들어진 신』. 이한음 옮김. 경기: 김영사, 2007.
_____. 『이기적 유전자』. 이상임, 홍영남 옮김. 서울: 을유문화사, 2020.
라이트, 톰. 『악의 문제와 하나님의 정의』. 노종문 옮김. 서울: 한국기독학생회출판부, 2008.
러셀, 버트런드. 『나는 왜 기독교인이 아닌가』. 송은경 옮김. 서울: 사회평론, 2019.
루이스, C. S. 『고통의 문제』. 이종태 옮김. 서울: 홍성사, 2020.
_____. 『기적』. 이종태 옮김. 서울: 홍성사, 2019.
_____. 『네 가지 사랑』. 이종태 옮김. 서울: 홍성사, 2019.
_____. 『순전한 기독교』. 이종태, 장경철 옮김. 서울: 홍성사, 2005.
_____. 『영광의 무게』. 홍종락 옮김. 서울: 홍성사, 2020.
_____. 『예기치 못한 기쁨』. 강유나 옮김. 서울: 홍성사, 2021.
_____. 『인간 폐지』. 이종태 옮김. 서울: 홍성사, 2019.
_____. 『천국과 지옥의 이혼』. 김선형 옮김. 서울: 홍성사, 2019.
루트번스타인, 로버트. 루트번스타인, 미셸. 『생각의 탄생』. 박종성 옮김. 용인: 에코의서재, 2018.
맥그래스, 알리스터. 『우주의 의미를 찾아서』. 박규태 옮김. 서울: 새물결플러스, 2016.
벌코프, 루이스. 『벌코프 조직신학』. 권수경, 이상원 옮김. 고양: 크리스천다이제스트, 2013.
사이어, 제임스. 『기독교 세계관과 현대사상』. 김헌수 옮김. 서울: IVP, 2007.
세이건, 칼. 『코스모스』. 홍승수 옮김. 서울: 사이언스북스, 2020.
스트로벨, 리. 『예수는 역사다』. 박중렬, 윤관희 옮김. 서울: 두란노서원, 2020.
아우구스티누스. 『고백록』. 박문재 옮김. 고양: CH북스, 2020.
아 켐피스, 토마스. 『그리스도를 본받아』. 박문재 옮김. 고양: 크리스천다이제스트, 2002.
오웬, 존. 『신자 안에 내재하는 죄』. 김귀탁 옮김. 서울: 부흥과개혁사, 2009.
칼빈, 존. 『기독교강요 (상)』. 원광연 옮김. 고양: 크리스챤다이제스트, 2008.
하라리, 유발. 『호모데우스』. 김명주 옮김. 파주: 김영사, 2017.
홀트, 짐. 『아인슈타인이 괴델과 함께 걸을 때』. 노태복 옮김. 서울: 소소의 책, 2020.

2. 웹 사이트

[네이버 국어 사전] https://ko.dict.naver.com/#/search?query=%EC%B6%94%EC%83%81&range=all
안상현. "뉴턴의 프린키피아". 『HelloDD.com』. 2016년 1월 7일.
      https://www.hellodd.com/news/articleView.html?idxno=56522
기획재정부. "청탁 금지법". 『기획재정부 경제배움e』.
      https://www.econedu.go.kr/mec/ots/brd/list.do?mnuBaseId=MNU0000124&tplSer=4&atcSer=2048fc02-9915-49cb-b30a-3f0351293a72

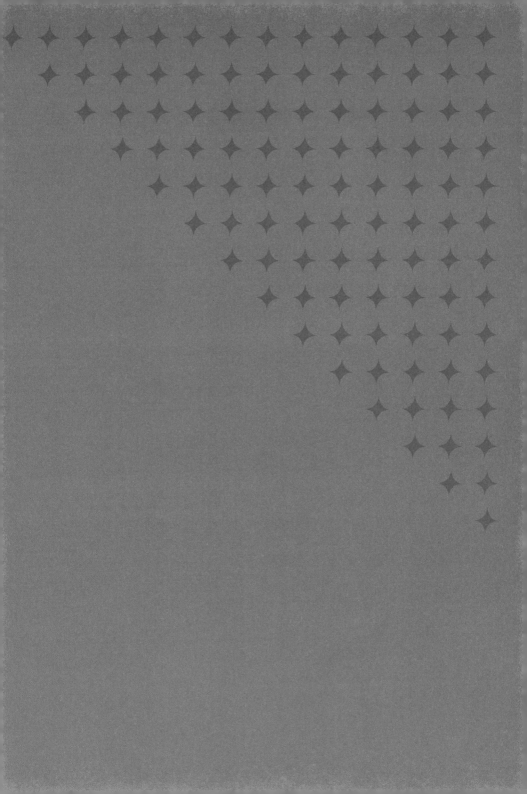

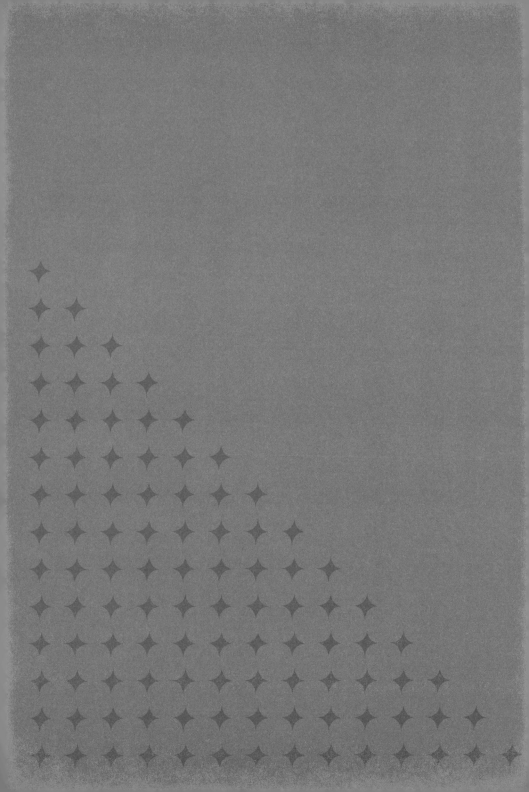

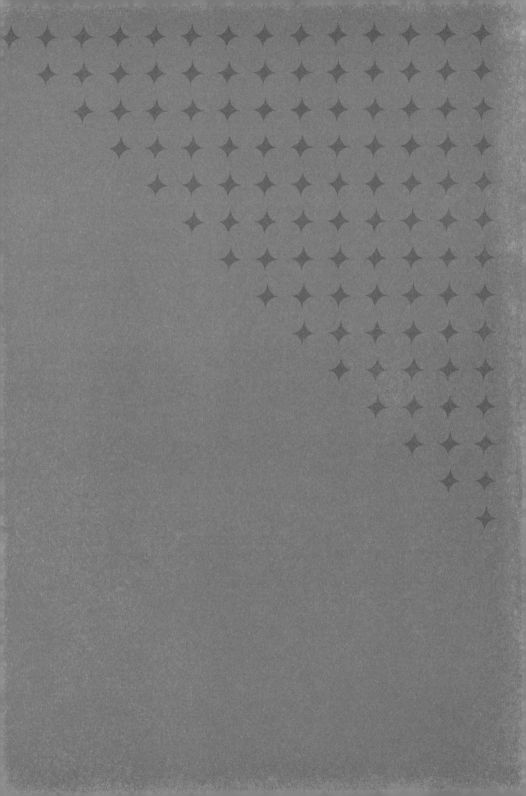

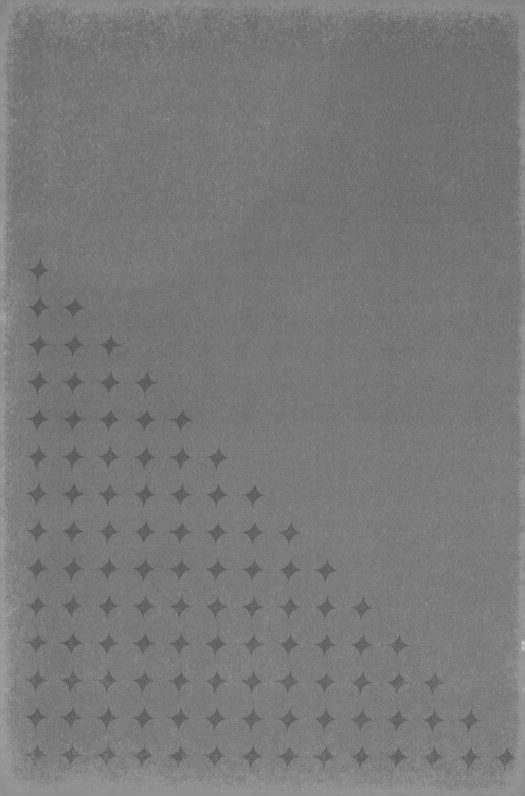